RIKKE ROSENGREN

Mit Kindern in der Natur

RIKKE ROSENGREN

Mit Kindern in der Natur

Waldpädagogik auf Grundlage der Waldorferziehung

Aus dem Dänischen und Englischen von
Daniela Syczek und Martin Lintz

Verlag Freies Geistesleben

Die Originalausgabe mit dem Titel *Barnet i Naturen. Naturen i Barnet* sowie die englische Ausgabe mit dem Titel *Child of Nature. Benefits of Nature in Childhood* erschienen 2018 bei Blue Pearl Books, Charlottenlund.
www.bluepearlbooks.dk

1. Auflage 2021

Verlag Freies Geistesleben
Landhausstraße 82, 70190 Stuttgart
www.geistesleben.com

ISBN 978-3-7725-2964-1

Für die deutsche Ausgabe:

Fotos: Jo Gregersen, Stine Heilmann, Julie Hjøllund, Anita Lindberg, Frida Møl Kristensen, Rikke Rosengren, Ryoma Rosengren
Illustrationen: Freia Faber
Druck: DZS Grafik, Ljubljana
Printed in Slovenia

FSC www.fsc.org MIX Papier aus verantwortungsvollen Quellen FSC® C106600

Klimaneutral Druckprodukt ClimatePartner.com/13357-2103-1011

INHALT

Danksagung 9

Vorwort 11

Zweites Vorwort 13

Einleitung 16

Hinweise zur Lektüre 21
Geschichte und Entwicklung des Waldkindergartens in Dänemark 22
Der Waldkindergarten der Kinderinsel Bonsai 26

KAPITEL 1

Warum sind Natur, Bewegung und Aktivitäten im Freien wichtig für Kinder? 31

Der Mensch in der Natur 33
Das Naturdefizitsyndrom 34
Die Verbindung des Kindes mit der Natur 34
Das Gehirn entwickelt sich durch körperliche Bewegung 36
Mit Kindern in der Natur spazieren 40
Spontane Aufmerksamkeit und Erholung in der Natur 43
Studien zur Entwicklung von Kindern in Wald- und Naturkindergärten 44
Aufmerksamkeit, motorische Entwicklung und Nachahmung 47
Das gute Vorbild in der Natur 49
Kinder denken mit dem Körper 51
Die Bedeutung der Natur für die Sprachentwicklung 52
Die Natur als pädagogischer Rahmen im Vorschulalter 55

KAPITEL 2

Die Natur als Schwerpunkt des Kindergartens 57

Die Bedeutung der Elemente für die kindliche Entwicklung 58
Die Wirkung der Elemente auf das Kind 59
Das freie Spiel in der Natur 64
Die Tierwelt 68
Die Bedeutung des freien Spiels für das kindliche Lernen 70
Vergleichsstudien zum kindlichen Spiel in Wald- und in gewöhnlichen Kindergärten 72
Das risikoreiche Spiel 74
Forschung zu risikoreichem Spiel 80
Gemeinschaft und Sozialleben 82
Die Speisekammer der Natur 84
Die Erwachsenen, die die Kinder in der Natur betreuen 86
Erfahrungen und Aufgaben der Eltern 91
In einem Waldkindergarten arbeiten 94
Der Bus ins Freie 95
Der Alltag im Freien für Krabbelkinder 96
Der Übergang zur Schule 100

KAPITEL 3

Waldorfpädagogik in einem Waldkindergarten 105

Die Natur und der Jahreskreislauf 106
Die Bedeutung von Rhythmus für das Kind – und die alltäglichen Rhythmen 112
Gesichtspunkte zur Langeweile 113

Der Rhythmus zwischen Draußen und Drinnen 117
Die Bedeutung von Rhythmen für Lernen und Entwicklung 119
Beispiel für einen Tagesrhythmus 120
Alle Sinne – jeden Tag 121
Steiners Anschauung der Sinne 124
Die Bedeutung handwerklicher Fähigkeiten 128
Worauf wir bei kindlicher Mediennutzung achten sollten 132
Das nachahmenswerte Vorbild im Waldkindergarten 133
Ein Erlebnis der Nachahmung: Der Bau einer Hütte 138

KAPITEL 4

Satt, warm und trocken –
damit alle sich draußen wohlfühlen 141

Mahlzeiten 141
Schlaf- und Ruhezeiten 145
Kleidung 149
Kleidungsvorschläge 152
Ausrüstung für den Alltag im Wald 155
Hygiene und Toilettenbesuche 156

KAPITEL 5

Ein wald- und naturpädagogisches
Kindergartenkonzept entwickeln 159

Pädagogische Reflexion inspiriert Entwicklung und neues Wissen 163
Studien zum Spiel in der Natur 167

KAPITEL 6

Das Kind in der Natur – die Natur im Kind 169

Die Natur wird zum Freund fürs Leben 169
Die Natur in der Stadt finden und nutzen 170
Die Natur als Lernraum – für Groß und Klein 173
Die Natur nach drinnen mitnehmen 174
Mit dem Kind in den Hof oder den Garten gehen 174

Nachwort 179

Anhang 181

Über die Vision und die Werte von Bonsai 181
Über das Menschenbild und die Pädagogik Rudolf Steiners 183
Einige Erfahrungen von Eltern, die ihr Kind in
einen Waldkindergarten schicken 187

Quellen und Literatur 190

Danksagung

Besonderer Dank gebührt der Anthropologin Maria Pi Højlund Nielsen, die das Projekt von Anfang an mit theoretischen Perspektiven, guten Ideen, Gesprächen und kritischem Lesen bereichert hat. Außerdem übernahm sie den Löwenanteil des Lektorats für dieses Buch.

Mit Kindern in der Natur wäre nicht entstanden, hätte ich nicht täglich all die Berichte und kleinen Anekdoten der Mitarbeiterinnen und Mitarbeiter der Kinderinsel Bonsai gehört. Die Fachgespräche über den Einfluss der Natur auf Kinder waren für mich eine wunderbare Quelle der Inspiration, und unsere Erzieherinnen teilten ihre reiche Erfahrung mit mir.

Das Buch wird durch Bilder bereichert, die die kindliche Freude an der Natur zeigen – vielen Dank an alle, die Fotos beigesteuert haben! Und ein herzlicher Dank an Freia Faber, die mit ihren bunten und ansprechenden Illustrationen eigene kleine Geschichten geschaffen hat!

Außerdem bin ich zutiefst dankbar für Pernille Askjærs Korrekturhilfe und Bettina Porsilds gründliches Probelesen sowie ihre Fähigkeit, dem Buch Struktur zu verleihen und auf inhaltlicher Ebene Zusammenhänge herzustellen.

Ich danke überdies Helle Heckmann für das Vorwort zu dieser Darstellung.

Die Eltern der Kinderinsel und ihre Kinder bestätigen uns jeden Tag aufs Neue, was für eine enorme Bedeutung eine Kindheit in und mit der Natur und ein Leben im Freien haben. Vielen Dank den Müttern und Vätern für ihre Hilfsbereitschaft, die Fragebögen auszufüllen, die ein Teil der empirischen Grundlage dieses Buches sind! Und vielen Dank für das Vertrauen, die Begeisterung und für all die schönen Stunden in der Natur!

Vorwort

Es ist mir eine Freude, für dieses Buch, das inspirierend und objektiv erzählt, wie man bei Kindern das Interesse an der Natur wecken und gleichzeitig ihr Selbstbewusstsein stärken kann, ein Vorwort zu schreiben.

Wenn das Stadtkind in die Natur entlassen wird, erlebt es ein Gefühl von Freiheit und Neugier – vielleicht nicht sofort, denn die erste Begegnung kann auch beängstigend sein. Doch dieses Freiheitsgefühl stellt sich gewiss ein, weil in der Natur ein anderer Rhythmus vorherrscht als in der Stadt. Die Natur des Kindes ist untrennbar mit dem Freien verbunden. Das Kind in der Natur entdeckt die Natur im Kind. Die Stadt beeinflusst die Sinne auf eine andere Weise als das Draußen; das bedeutet auch, dass wir nach und nach mehr verstehen, wie das hektische Tempo der Stadt das Kind positiv und negativ prägt. Positiv, weil sich das Kind anpasst, und negativ, weil die Geschwindigkeit und die Hektik sowie die intensive Stimulation der Sinne die Konzentrationsfähigkeit des Kindes verringern und sein Stresslevel erhöhen. Wir müssen erst gar nicht im Gehirn der Kinder nach Gründen für mögliche Lernschwierigkeiten suchen, wenn sich die Ursachen so eindeutig in der Umgebung finden lassen. Die Umgebung kann aber auch so gestaltet werden, dass sie dem Lernerfolg des Kindes zugutekommt; insbesondere die Begegnung mit der Natur weist hier einige Eigenschaften auf, die im geschäftigen Alltag leicht übersehen werden. Denn die Natur hat ihren eigenen Rhythmus, der die Aufmerksamkeitsfähigkeit des Kindes erhöht und seine innere Ruhe unterstützt. In dieser Hinsicht ist das Drinnen zwar wichtig, aber das Draußen von noch größerer Bedeutung. Kann das Kind diese Erfahrung von draußen dann wieder mit nach drinnen nehmen, dann ermöglicht man ihm einen harmonischeren Entwicklungsrhythmus in seinem Alltag.

Kjeld Fredens
Arzt, Hirnforscher und Privatdozent am Institut für Pädagogik und Philosophie der Universität Aalborg

Zweites Vorwort

Wenn wir das Wort «Kindergarten» verwenden, entsteht in jedem von uns ein inneres Bild; das Bild des Gartens weckt in uns die Vorstellung der Natur und des Freien. Der Garten ist ein sicherer Ort, an dem das Kind erforschen und staunen kann und die Möglichkeit hat, den Wechsel der Jahreszeiten sowie die Welt der Insekten und anderer Tiere hautnah zu erleben.

Das Wort «Waldkindergarten» ruft sofort größere Bilder in uns hervor: ein ganzer Wald ... Wie groß ein solcher Wald in der inneren Bildwelt eines Kindes wohl ist?

Täglich Zugang zur Natur zu haben verleiht Kindern eine einzigartige Robustheit und Widerstandsfähigkeit in mehrfacher Hinsicht: physisch, weil der Körper ständig gefordert wird, sich zu entwickeln, und durch die Aktivität gestärkt wird; aber auch geistig, weil das Kind physische Hindernisse überwinden und Lösungen finden muss – allein oder zusammen mit anderen Kindern. Das gibt jedem einzelnen Kind ein grundlegendes Selbstvertrauen. Kennt es seine eigenen Grenzen, dann ist es auch weitgehend fähig, sie zu kommunizieren und die Grenzen anderer Kinder zu respektieren.

Es gibt kein schlechtes Wetter, nur schlecht gewählte Kleidung – die Kleiderwahl ist also entscheidend dafür, dass der Aufenthalt im Freien auch Freude bereitet. Vielerorts kann man nicht darauf vertrauen, dass die Witterung immer mitspielt. Das Wetter ist daher ein Aspekt, den es zu berücksichtigen gilt; er darf aber niemals zum Hindernis werden, denn sonst müssten wir uns den Großteil des Jahres drinnen aufhalten, weil es draußen zu heiß, zu kalt, zu feucht ist ...

Doch zum Glück ist das nicht notwendig. Damit aber unsere Kinder ein aktives Leben im Freien führen können, muss ein engagierter Erwachsener da sein, der in der Lage ist, eine Verbindung zur Natur herzustellen, ihre Möglichkeiten und Potenziale kennt und keine Angst hat, mutig ans Werk zu gehen. Wie bleibt die Stimmung sonnig, auch wenn es regnet? Welche Pflanzen sind essbar? Wie benutzt man ein Messer, um Spielzeug zu schnitzen oder Naturmaterialien in Gebrauchsgegenstände zu verwandeln? Wie baut man sich eine Höhle, einen Unterschlupf vor Regen oder macht Feuer?

Das erwachsene Vorbild muss in seiner Einstellung und seinen Handlungen eine Lebenskraft ausstrahlen, die die Kinder dazu inspiriert, Lösungen zu finden, neugierig zu sein, die Natur zu hegen und zu pflegen. Der Erwachsene stärkt das Vertrauen des Kindes, dass es in seinem eigenen Tempo lernen und sich entwickeln wird, wenn es die Zeit hat, die es dazu eben braucht.

Nicht alle Regionen der Erde sind mit vier Jahreszeiten gesegnet. Doch in unseren Breiten ist das der Fall – worüber wir glücklich sein dürfen, denn die Jahreszeiten strukturieren unser Leben und fordern uns mit unterschiedlichen Aufgaben heraus. In der Waldorfpädagogik spielen daher die Jahreszeitenfeste eine Rolle; sie werden nicht nur an einem Tag gefeiert, sondern können als eine Art Wellenbewegung über einen Zeitraum von zwei bis vier Wochen stattfinden. Die Jahreszeit durchzieht das tägliche Singen und den Reigen, die Märchen, sie bestimmt die Tischdekoration, die Jahreszeitenecke (bzw. den Jahreszeitentisch) und beeinflusst die Begegnung mit der Natur. Es ist ein Geschenk für das ganze weitere Leben, wenn man als Kind die Natur so intensiv erleben kann. Die Nähe zu ihr und den Respekt vor ihr bewahrt das Kind in seinem Inneren. Es wird für den Heranwachsenden ganz natürlich, gut auf seine Umgebung aufzupassen, weil sie etwas Konkretes widerspiegelt, einen Teil des eigenen Selbst, nicht nur ein abstraktes Konzept.

Das Leben im Freien von frühester Kindheit an ist gut und wichtig. Sobald man allein gehen kann, spürt und erfährt man die Welt. Kleine Kinder erkunden sie mit all ihren Sinnen, probieren Sand, Grashalme, vielleicht sogar einen Regenwurm ... Sie werden von Pfützen magisch angezogen, weil sie in ihnen planschen und herausfinden wollen, wie sich das Wasser anfühlt. Sie verfolgen mit großer Bewunderung Ameisenstraßen und staunen, was diese kleinen Tiere alles schleppen können.

Die ganz Kleinen brauchen einen festen Rahmen und jederzeit einen sichtbaren Erwachsenen in ihrer Nähe, doch darüber hinaus ist auch für sie der Aufenthalt im Freien notwendig, damit sich eine Liebe zur Natur aufbauen kann; das Leben dort ist wichtig für die körperliche Entfaltung und den Muskelaufbau. In diesem Zusammenhang sind altersgemischte Gruppen für alle ein Geschenk: Die kleinen Kinder können die großen beobachten und sich von deren Spiel inspirieren lassen und sie gegebenenfalls um eine helfende Hand bitten. Die Älteren kümmern sich oft rührend um die Kleinen und möchten ihr Wissen über die Natur mit ihnen teilen; sie bekommen Anerkennung und sind stolz, was sie als «Große» bereits alles selbst schaffen.

Spiel entsteht und findet in der Gemeinschaft statt und ist immer von der Umgebung inspiriert. Spiel ist ernst; es ist das Fenster des einzelnen Kindes, um seine persönlichsten Werte und Erfahrungen auszubilden.

Als ich Rikke Rosengren vor fast achtzehn Jahren kennenlernte, besuchte sie meinen Kindergarten im Nordwesten Kopenhagens. Sie saß mit ihrem kleinen Sohn unter dem Apfelbaum und beobachtete das Spiel im Garten. «Einen solchen Ort möchte ich auch erschaffen», meinte sie und setzte später diesen Wunsch mit dem Waldkindergarten Bonsai tatsächlich um. Sie hat den Wald und das Meer in ihren Kindergarten integriert und gibt den Kindern so die Gelegenheit, ein noch vielfältigeres Umfeld zu erleben. Ihr Konzept ist optimal, um Stadtkindern das Leben in der Natur zu ermöglichen, abseits der Großstadt. «Bonsai» ist in vielerlei Hinsicht ideal für Stadtkinder – und für deren Eltern ist es eine Beruhigung, zu wissen, dass hier dem kindlichen Bedürfnis nach Entwicklung und Naturerfahrung Rechnung getragen wird; oft kann dieses Konzept eine Erleichterung für das latent vorhandene schlechte Gewissen sein, als Eltern nicht allen Bedürfnissen des Kindes gerecht werden zu können.

Ich freue mich außerdem über vernünftige Öffnungszeiten in «Bonsai», die sicherstellen, dass das Kind nicht überbeansprucht wird, und dafür sorgen, dass auf das Wohl des Kindes und auch auf den Wert des Familienlebens geachtet wird.

Seit etwa 2010 lebt weltweit die Hälfte aller Kinder (mit wachsender Tendenz) in Großstädten und erfährt all die damit verbundenen Einschränkungen. In meinen Augen ist «Bonsai» für unsere Welt eine wichtige Inspiration, die uns umzudenken lehrt. Wenn die Natur nicht zu uns kommen kann, dann sollten wir eben zu ihr kommen, denn auf ein Leben in der Natur hat jedes Kind ein Anrecht.

Helle Heckmann
Waldorferzieherin, Autorin und Kindheitspädagogin

Einleitung

> «Es ist nicht so sehr wegen seiner Schönheit, dass der Wald die Herzen der Menschen berührt, sondern es ist dieses gewisse Etwas, die Qualität der Luft, die Ausstrahlung alter Bäume, die so wunderbar einen müden Geist verändern und beleben kann.»
>
> *Robert Louis Stevenson*

Seit ich den Waldkindergarten Bonsai gegründet habe, erlebe ich die vielen positiven Auswirkungen der Natur auf die kindliche Entwicklung. Kinder, die in die Natur eintauchen und ihrem Kreislauf folgen dürfen, haben die einmalige Gelegenheit, sich intensiv im Zusammenhang mit ihr wahrzunehmen. Sie wird in den Herzen der Kinder lebendig und bleibt ein Begleiter, den sie in ihre Zukunft mitnehmen werden. Die Natur wird ein Ort, an dem sie sich selbst erleben und Frieden und Sicherheit empfinden können. Sie vermag außerdem das Kind unmittelbar zu stärken. Wenn wir uns in der Natur aufhalten, umfängt uns eine Welt natürlicher Robustheit und Vielfalt und zugleich eine fast übersinnliche Schönheit.

Während ich an diesem Buch schreibe, sind es draußen gerade 28 Grad, die Kindergartenkinder haben im Wald gespielt, Frösche mit Fischernetzen gefangen und sich im Schatten einer großen Eiche ausgeruht. Wir haben Decken bereitgestellt, damit sie sich eine Höhle bauen können. Einen solchen warmen Frühsommertag umgibt eine Leichtigkeit; es ist eine gänzlich andere Stimmung, als wenn der Herbst mit seiner Kraft und seinen bezaubernden, sich verwandelnden Farben naht. Dann, im Herbst selbst, sind wir Wind und Wetter ausgesetzt, es gibt viel Regen, und wir brauchen Mut, denn wir müssen an uns glauben und uns sicher sein, dass wir mit diesen Elementen umgehen können; und wenn wir frieren, müssen wir wissen, dass wir die Möglichkeit haben, uns aufzuwärmen. All diese Erfahrungen fördern die Widerstandsfähigkeit, den Mut und die innere Stärke im Kind. Sie lassen die Gewissheit reifen, dass wir überleben, auch wenn das Wetter unfreundlich und rau ist, dass wir innerlich und äußerlich sicher sind. Der Natur wohnt eine Vielfalt inne, die es dem Kind ermöglicht – einfach indem es draußen ist und für jede Witterung Spiele erfindet –, seine innere Kraft und sein seelisches Gleichgewicht zu entdecken. Es wird lernen, Chancen statt Grenzen zu sehen, sodass seine natürliche Willenskraft angeregt und eine gesunde Grundlage für vieles geschaffen wird, was wir als gesundheitsfördernd erachten.

Unser Ziel im Waldkindergarten Bonsai ist es, die Kinder so vorzubereiten, dass sie bei der Einschulung wach und selbstbewusst sind, dass sie

mit offenem Geist ins Leben gehen. Eine wichtige Voraussetzung dafür ist, dass sich die Kinder fest im eigenen Körper verankert haben, um den neuen Herausforderungen mit einem stabilen Selbstwertgefühl begegnen zu können. In der frühen Kindheit sollten sie die Gelegenheit haben, zu staunen und zu bewundern, vieles zu berühren und sich viel zu bewegen, sie sollten sich von ihrer angeborenen Neugier leiten lassen. Dann sind sie innerlich ausgeglichen und können im Augenblick leben. Die Natur hat ein wunderbares Potenzial, den Forscherdrang und die Wissbegier der Kinder zu wecken – immer gibt es irgendwelche Dinge, die man entdecken und aus unterschiedlichsten Perspektiven untersuchen kann. Durch die Freude, in der Natur zu sein, entdecken die Kinder die Freude am Lernen.

Dieses Buch möchte zu einem tieferen Verständnis beitragen, warum und auf welche Weise die Natur wichtig für die Entwicklung von Kindern ist. Das heißt nicht, dass alle Kinder unbedingt einen Waldkindergarten besuchen sollen, aber ich möchte dazu ermutigen, dass sie sich mehr im Freien aufhalten dürfen, dass wir es ihnen ermöglichen, mit viel Raum herumzutollen und echte Sinneserfahrungen zu machen. Dafür ist oft auch ein Garten oder ein Park ausreichend. Das vorliegende Buch beschreibt, wie man für die Erziehung in der frühen Kindheit die Natur als pädagogischen Rahmen nutzen kann. Es richtet sich sowohl an Fachkräfte als auch an Eltern. Hier finden Sie Antworten darauf, was es bedeutet, eine Einrichtung zu wählen, die ihren Schwerpunkt in Naturpädagogik hat und Aktivitäten im Freien in den Mittelpunkt stellt – und welche Herausforderungen damit an die Eltern und Erzieherinnen gestellt werden. Darüber hinaus ist es als Inspiration für diejenigen gedacht, die einen Waldkindergarten gründen oder in ihm mitarbeiten wollen bzw. die Naturpädagogik ihrer erzieherischen Tätigkeit zugrunde legen wollen.

In der nordischen Kultur ist das Leben und Arbeiten im Freien, in der Natur, grundsätzlich stark verankert. Outdoor-Aktivitäten in ihren vielen verschiedenen Facetten sind sehr verbreitet, und die Menschen genießen das Draußensein. Die skandinavischen Länder sind oft Vorreiter, was Umweltbewusstsein und ökologische Nachhaltigkeit angeht. Immer stärker rückt hier auch ins allgemeine Bewusstsein, dass sich Unterricht im Freien (z.B. in Outdoorschulen, im «Grünen Klassenzimmer» usw.) positiv auf die Gesundheit, den Lernerfolg und das Wohlbefinden von Kindern und Jugendlichen auswirkt. Die Arbeit in unserem dänischen Waldkindergarten stieß und stößt auf reges Interesse; viele Menschen wollten mehr über unser naturpädagogisches Konzept erfahren, und im Laufe der Jahre hatten wir u.a. Besuch aus Japan, China, Korea, den USA und Deutschland. Mir wurde die Ehre zuteil, u.a. nach Asien und in die Vereinigten Staaten eingeladen zu werden, um Fachkräfte und Eltern in Umwelt- und Naturpädagogik zu unterrichten; ich erlebte dort eine enorme Offenheit und Neugierde. In Asien und den Vereinigten Staaten haben die Menschen zunehmend mehr vor Augen, was passiert, wenn kleine Kinder im Alltag nicht die Möglichkeit haben, an die frische Luft zu gehen, draußen zu spielen, sich frei zu bewegen. Das Bewusstsein wächst, dass Kinder im Alter von zwei bis fünf Jahren nicht davon profitieren, wenn sie länger drinnen sitzen müssen und einen bewegungsarmen Unterricht bekommen, sondern wenn sie ganz im Gegenteil rausgehen und die Welt erleben dürfen, sodass ihre Neugier, ihre Freude am Wissen und ihr natürlicher Wunsch zu lernen befriedigt werden können. Das wachsende Interesse an einer Naturpädagogik für kleine Kinder kann auch zum eigenen Nachdenken anregen – ein weiterer Grund, weshalb dieses Buch geschrieben wurde. Es soll Erwachsene, die Kinder im Vorschulalter haben oder mit ihnen arbeiten, dazu ermutigen, die Natur als Raum und als Rahmen zu nutzen; und es gibt ihnen hierfür hoffentlich neue Einblicke und einige Hilfestellungen.

Der Großteil meiner Motivation zum Schreiben dieses Buches speist sich jedoch aus unserer Begeisterung für das Leben in Bonsai, aus unseren Erlebnissen mit den Kleinen, und ich möchte sie hier mit allen teilen, die sich für Kinder und ihre Erfahrungen in der Natur interessieren. Ich möchte auch meine Überzeugung zum Ausdruck bringen, dass wir Kindern die Gelegenheit bieten sollten, die Natur und das Draußensein als Teil ihrer Kindheit zu erleben, und die pädagogische Bedeutung betonen, dem kleinen Kind einen guten Rahmen für seine Entwicklung zu schaffen.

Mein sehnlichster Wunsch ist es, dass auch Erzieherinnen von Großstadtkindergärten sowie Familien, die mitten im Stadtzentrum leben, Lust bekommen, sich mit den Kindern mehr draußen aufzuhalten und grüne Oasen in der Stadt zu nutzen. Heute sind Arbeit, Studium und Freizeit zunehmend mit Bildschirmzeit verbunden – Zeit, die wir regungslos vor einem Monitor verbringen. Die sensomotorischen Erfahrungen, die wir währenddessen machen, sind sehr limitiert und von geringem Wert. Es gibt also genügend Gründe, Denkpausen einzulegen, nach draußen zu gehen – allein oder eben auch mit den Kindern –, die Welt wahrzunehmen, die Sinne zu aktivieren und Mutter Natur zu danken. Und dies wiederum ist ein wichtiger Grund, weshalb wir für mehr urbane Natur kämpfen sollten, für verlockende Stadtgärten und Parks, und die Politik dazu anregen sollten, vermehrt Sinnesparks anstelle von Betonwüsten in Städten zu genehmigen.

Selbst in Dänemark, wo eine lange Tradition der Waldkindergärten besteht, zielten die politischen Bestrebungen der letzten Jahre oft darauf ab, das freie Spiel zugunsten einer stärker verschulten Bildung im Kindergarten einzuschränken – die Kinder sollen demnach Wissen erwerben und von früh auf lernen, mit Technologie umzugehen. Ich wundere mich, dass Primärpädagogen schon sehr früh die Rolle von Lehrerinnen und Lehrern übernehmen, wo es doch die wichtigste Aufgabe von Erzieherinnen sein müsste, Nähe und Präsenz zu leben und einen sicheren und förderlichen Rahmen für die Entwicklung des kleinen Kindes zu schaffen. Im Kindergarten Bonsai arbeiten wir aus dem Bewusstsein heraus, dass das kindliche Gehirn plastisch ist und sich durch körperliche Bewegung,

durch Sinneserfahrungen und durch eine stabile Beziehung zu Bezugspersonen entwickelt und sich so auch soziale Fähigkeiten ausbilden können. Das ermöglicht es dem Kind, zu wachsen und – bildlich gesprochen – genau zu der Blume zu werden, die schon als Keim in ihm angelegt ist, und dadurch sein volles Potenzial auszuschöpfen. Mit seinen Sinnen und aus seiner Neugier heraus wird das Kind ganz automatisch die Welt entdecken wollen und damit den Wunsch entwickeln, zu lernen und seine Umwelt zu erforschen. Diese Herangehensweise zu betonen ist heutzutage besonders wichtig – in einer Zeit, in der immer wieder, in vielen Zusammenhängen, das größte Gewicht auf die Stärkung und Förderung des Intellekts bereits im frühen Alter gelegt wird. Deshalb hoffe ich, dass das vorliegende Buch ein Gegengewicht zu dieser Tendenz bilden und dazu beitragen kann, den Fokus stärker auf die Bedürfnisse des Kindes zu lenken und ihm von früh auf mehr Zeit in der Natur zu ermöglichen. Wir sollten die Kindheit schützen, sodass sie ein Lebensabschnitt voller Ruhemomente, Zeit und Spiel wird; die Kindheit ist etwas Einzigartiges und kehrt nicht wieder – oder, wie wir in der Waldorfpädagogik oft sagen: «Die Kindheit ist einmalig, es gibt keine Wiederholungstaste.»

Viel Vergnügen beim Lesen!

Rikke Rosengren

Hinweise zur Lektüre

Zunächst, im nachfolgenden Abschnitt, wird kurz die Tradition des Waldkindergartens, seine Entstehung und Entwicklung in Dänemark beschrieben, bevor dann die Geschichte eines speziellen Waldkindergartens, nämlich des «Børneøen Bonsai», also der «Kinderinsel Bonsai», umrissen wird. Die theoretischen Grundlagen des Buches finden sich in Kapitel 1; die praktischen und die beschreibenden Texte stehen hier jeweils auf den hellgrünen Seiten.

Die weiteren Kapitel sind größtenteils praktisch orientiert, und hier sind die theoretischen Elemente auf den hellgrün unterlegten Seiten platziert, um für den Leser den Unterschied zwischen konkreten Erfahrungen und Einsichten einerseits und den theoretischen Grundlagen andererseits zu verdeutlichen. Erläuterungen zur Erziehungsphilosophie Rudolf Steiners und zu deren methodischen Grundlagen finden sich in Kapitel 1 und im Anhang, vor allem aber in Kapitel 3. Wir haben uns dafür entschieden, hier nur diejenigen Aspekte zu behandeln, die direkt mit dem Hauptthema des Buches zusammenhängen: der Bedeutung der Natur in der frühen Kindheit und dem Leben der Vorschulkinder im Freien. Unsere Darstellung ist also keine allgemeine Einführung in die Waldorfpädagogik.

Das Buch basiert im Wesentlichen auf unseren Erfahrungen, Erlebnissen und Reflexionen in und um die Kinderinsel Bonsai. Es richtet sich aber an alle, die mit Kindern arbeiten und eine Umgebung schaffen möchten, in der Kinder die Möglichkeit haben, ihre Beziehung zur Natur – und damit ihre Beziehung zu sich selbst – zu pflegen.

Und es ist daher auch eine Ideensammlung, wie man die Natur als Rahmen für die pädagogische Arbeit mit Kindern nutzen kann – die Ausführungen sind nicht als Rezeptanweisungen zu verstehen, sondern als eine Auswahl, von der man sich inspirieren lassen und die man mehr oder weniger stark übernehmen kann.

Im Buch treten verschiedene «Stimmen» auf. Wenn von «ich» die Rede ist, so ist das die Hauptautorin des Buches, Rikke Rosengren, während sich das «wir» auf das gesamte Kollegium der «Kinderinsel Bonsai» bezieht und somit deren ganzen Erfahrungsschatz einschließt. «Wir» kann sich natürlich auch auf das gesamte Kindergartenpersonal einschließlich der Kinder beziehen, aber dieser Unterschied wird für die Leserinnen und Leser im Zusammenhang ersichtlich.

Literaturhinweise stehen vorzugsweise in Klammern im Text (Autorenname und Jahr) und verweisen auf die Quellenliste am Ende des Buches, in der sich auch weiterführende Literaturhinweise befinden (S. 190f.).

Geschichte und Entwicklung des Waldkindergartens in Dänemark

Dänemark blickt auf eine lange Tradition des Lebens im Freien zurück, deren Spuren sich bis zu dem französischen Philosophen Jean-Jaques Rousseau und seiner Naturromantik zurückverfolgen lassen. Nach Rousseaus Auffassung war es für Kinder natürlicher und gesünder, in der Natur und auf dem Land aufzuwachsen als in der Stadt. Im 18. Jahrhundert wandelte sich das Verhältnis zwischen Mensch und Natur grundlegend – die Natur wurde nicht mehr als Macht angesehen, gegen die sich der Mensch im Kampf behaupten musste, sondern als ästhetisches Erfahrungsfeld. Rousseaus Ideen über Natur und Erziehung trugen dazu bei, dass man dem Leben in und mit der Natur Wertschätzung entgegenbrachte (Williams-Siegfriedsen 2017). In Literatur und Kunst spielte die Schönheit der Natur eine große Rolle. Als im späten 18. Jahrhundert die Industrielle Revolution immer mehr Fahrt aufnahm, wuchs auch die Zahl der Menschen, die in Städten lebten – zumeist in elendesten Verhältnissen. Die Ärzte begannen, für ihre Patienten, deren Krankheiten mit der harten körperlichen Arbeit und den ärmlichen Lebensbedingungen in den Städten zusammenhingen, frische Luft und Sonnenlicht zu verschreiben. Kurbäder und Sanatorien entstanden, wo sich die Menschen an der frischen Luft und durch die Ruhe in einer natürlichen Umgebung erholten (Williams-Siegfriedsen 2017).

1840 gründete der Pädagoge Friedrich Fröbel den ersten Kindergarten in Deutschland. Nach seiner Auffassung sollte der Kindergarten buchstäblich ein Garten sein, in dem das Kind wachsen und aufblühen konnte. 1901 eröffneten Sophus und Hedevig Bagger in Kopenhagen einen Volkskindergarten, in dem auch Hoftiere gehalten wurden; die beiden Gründer waren der Auffassung, dass den Kindern dadurch mehr Naturerfahrungen und Naturbegegnungen ermöglicht wurden (Williams-Siegfriedsen 2017). Der erste Waldkindergarten Dänemarks ging aus Ella Flataus «Wanderkindergarten» hervor; 1952 nahm er seinen Anfang, als die dänische Mutter aus Søllerød ihre vier Kinder zu täglichen Ausflügen in den Wald mitnahm und allmählich ihre Nachbarinnen Interesse an ihren Aktivitäten bekundeten und ihre Kinder ebenfalls auf Ellas Waldwanderungen mitschickten. Aus dieser Initiative wurde ein erster Waldkindergarten – eine Halbtagseinrichtung – für Kinder aus Nord-Seeland (Ejbye-Ernst 2012). Diese Form inspirierte mehrere Wanderkindergärten, beispielsweise den in Hareskoven (am nordwestlichen Rand von Kopenhagen). Die Energiekrise der 1970er-Jahre lenkte die allgemeine Aufmerksamkeit stärker auf die Bedeutung der Natur, sie markierte zugleich den Beginn eines wachsenden Umweltbewusstseins (Williams-Siegfriedsen 2017).

Dies sind einige Entwicklungslinien, Normen und Werte, die das Selbstverständnis der dänischen Kultur in Bezug auf unser Leben in und mit der Natur geprägt haben. So sind wir beispielsweise auch der Auffassung, dass es unseren Kindern guttut, so viel wie möglich am eigenen Leib zu erfahren und draußen erleben zu können.

Zwischen 1985 und 1995 wurden viele Wald- und Naturkindergärten gegründet. Einige der früheren Waldkindergärten waren von der Waldorfpädagogik und der Anthroposophie inspiriert (Ejbye-Ernst 2012). 1991 erschien ein Bericht der dänischen Wald- und Umweltbehörde, aus dem hervorging, dass 66 Waldkindergärten und naturpädagogische Gruppen in Dänemark gemeldet waren. Im Zeitraum von 1995 bis 2012 schätzte die Behörde die Anzahl der Wald- und Naturkindergärten auf 500 Einrichtungen; das heißt, dass etwa zehn Prozent

aller Kindergärten ein natur- oder waldpädagogisches Programm hatten.

Diese Zahlen sind laut Bericht der dänischen Wald- und Umweltbehörde eher Schätzungen und daher nicht ausreichend belegt, da Konzept und Begriff des Waldkindergartens nicht klar genug definiert sind und pädagogische Institutionen in Dänemark traditionell selbstorganisierte und autonome Einrichtungen sind, die sich ihre Konzepte und Bezeichnungen eigenständig wählen. Ihnen allen ist aber gemein, dass ein Großteil der pädagogischen Arbeit sich draußen abspielt und in weniger städtisch geprägten Gebieten in der Nähe des Kindergartens stattfindet (Ejbye-Ernst 2012).

Obwohl das Konzept der Wald- und Naturkindergärten in Dänemark – und inzwischen auch in zahlreichen anderen europäischen und in außereuropäischen Ländern – seit vielen Jahren existiert, wurden bisher relativ wenige wissenschaftliche Studien dazu durchgeführt, was diese Einrichtungen besonders auszeichnet, was charakteristisch für diese Art von Kinderbetreuung und -erziehung ist und welchen Einfluss die Natur und der Alltag im Freien für die Kinder haben. Zu den verschiedenen gängigen Institutionen der Naturpädagogik gehören Wald-, Bauernhof-, Natur- und Outdoor-Kindergärten; es gibt sogar Buskindergärten, bei denen ein Bus als «Rückzugsmöglichkeit» genutzt wird. Außerdem haben sich Wanderkindergärten gebildet, in denen die Kinder mit dem Bus in einen Wald oder ein umliegendes Naturgebiet gebracht werden, wo sie den Tag verbringen und nachmittags in die Stadt zurückkehren oder an einer Sammelstelle abgeholt werden. Einige Wanderkindergärten haben ein Haus als Unterschlupf, bei anderen sind die Kinder und Erwachsenen den ganzen Tag unterwegs und suchen sich immer wieder neu einen schützenden Ort, wenn es die Wetterlage erforderlich macht. Manche Kindergärten nutzen täglich einen festen Platz, während andere jeden Tag neue Orte aufsuchen, darunter auch Spielplätze in der näheren Umgebung. In Norwegen gibt es sogar Bootskindergärten.

Global betrachtet sind Naturkindergärten ein wichtiger Beitrag Dänemarks zu neuen Ideen in der Primärpädagogik. Zahlreiche internationale Artikel zeigen, dass diese Einrichtungen eine inspirierende Wirkung auf viele Pädagogen weltweit hatten, die in ihren Ländern eigene, den örtlichen Gegebenheiten angepasste Naturkindergartenkonzepte ausprobiert haben (Ejbye-Ernst 2012). Auch unser Waldkindergarten Bonsai stieß in der Öffentlichkeit auf großes Interesse; vor allem wurde danach gefragt, in welcher Weise wir die Natur in unseren Alltag einbeziehen. Infolgedessen hatten wir fachlichen Austausch und Besuch unter anderem aus Japan, China, Südkorea, den USA und Deutschland.

Der Waldkindergarten der Kinderinsel Bonsai

Bonsai ist eine private Kinderbetreuungseinrichtung auf Grundlage der Waldorfpädagogik; sie besteht aus drei Kleinkindgruppen (auch Krippe oder Krabbelgruppe genannt) mit Platz für insgesamt 38 Kinder und einem Kindergarten mit vier Gruppen für Kinder im Alter von ein bis sechs Jahren mit jeweils etwa 17 bis 23 Kindern pro Gruppe. Unsere Basis befindet sich in einem idyllischen, strohgedeckten Haus im Wald in Charlottenlund, nördlich von Kopenhagen, während eine weitere Kleinkindgruppe mit sechzehn Kindern in der Nähe von Amager näher an der Stadt ihr Zuhause hat. Bonsai ist ein Waldkindergarten, in dem alle Kinder im Alter von ein bis sechs Jahren täglich Erfahrungen im Freien machen können. Unsere Einrichtung ist außerdem eine Kindertagesstätte, die auf der Waldorfpädagogik basiert. In Waldorfkindergärten haben Natur und Jahreszeiten großen Einfluss auf den pädagogischen Rahmen und den Alltagsrhythmus. Wir passen unseren Rhythmus dem der Natur an; wir feiern Jahreszeitenfeste und erleben die Veränderungen der Natur während der Jahreszeiten bewusst mit. Wir sammeln Dinge in der Natur, die wir mit nach Hause nehmen und aus denen wir die Dekoration für unsere Jahreszeitentische herstellen. Der Alltag im Kindergarten besteht aus dem Wechsel von freiem Spiel in der Natur und gemeinschaftlichen Aktivitäten wie dem Morgenkreis, Reigenspielen, Märchenerzählen, Zeichnen, Malen, dem Vorbereiten von Jahreszeitenfesten und Ähnlichem.

Bonsai wurde 1999 auf Initiative von Rikke und Morten Rosengren gegründet, als sie für ihren Sohn eine Krabbelgruppe suchten. Sie entschieden sich dafür, eine Kinderkrippe auf der Insel Amager (deren nördlicher Teil zu Kopenhagen gehört) zu gründen. Rikke hatte damals bereits in Australien eine Ausbildung zur Waldorferzieherin absolviert und anschließend in verschiedenen Ländern in pädagogischen Zusammenhängen gearbeitet. Die Krabbelgruppe in Amager bekam den Namen «Børneøen Bonsai» (die «Kinderinsel Bonsai») und wurde schnell sehr beliebt; es gab lange Wartelisten. Weil Kinder schnell größer werden, entstand bald die Notwendigkeit für einen Kindergarten, in dem die Kinder aus der Krabbelgruppe weiter betreut werden konnten. Für Rikke war es wichtig, dass er in der freien Natur lag, damit die größeren Kindergartenkinder mehr Erfahrungen draußen machen konnten. Ihr Ziel war es, für die Kinder aus Kopenhagen einen «Wanderkindergarten» zu gründen, der ihnen die Gelegenheit bot, in die Natur hinauszugehen. 2002 öffnete der Kindergarten mit zwei Gruppen und vier Erwachsenen in Charlottenlund, 9 km nördlich des Kopenhagener Zentrums. 2004 bot sich die Gelegenheit, das gesamte Grundstück dort zu übernehmen und den Kindergarten um zwei weitere Kindergarten- und zwei Krabbelgruppen zu erweitern. Seit 2004 sind in Bonsai also etwa 130 Kinder, aufgeteilt in vier Kindergarten- und drei Krippengruppen.

Der Name «Bonsai» wurde von uns ausgewählt, weil das Wort auf Japanisch «kleiner Baum» bedeutet. Wie ein kleiner Baum braucht auch das kleine Kind Nahrung in Form von Zuwendung, Zeit und dem richtigen Rahmen für seine Entwicklung; es benötigt in der frühen Kindheit die idealen Wachstumsbedingungen.

Die Phase während der Eröffnung war von einem ganz besonderen Pioniergeist geprägt. Das Haus war sehr renovierungsbedürftig, und Eltern, Mitarbeiterinnen und Mitarbeiter halfen bei der Restaurierung und beim Umbau des alten Gebäudes mit und schufen eine kinderfreundliche Umgebung. Vier Monate lang war es daher nicht möglich, mit den damaligen beiden Gruppen von insgesamt vierzig Kindern drinnen zu sein – eine großartige Gelegenheit, bei der wir lernen konnten, was man draußen alles tun kann, und die uns zeigte, wie sich das kindliche Spiel und die Bewegung der Kinder durch die Natur veränderten. Wir wurden Zeugen eines wundervollen Prozesses. In diesem Frühling regnete es häufig, und wir wurden immer wieder an das alte Sprichwort erinnert, das sich buchstäblich als wahr erwies: «Es gibt kein schlechtes Wetter, nur schlecht gewählte Kleidung.»

Wir können uns noch gut an die besondere Stimmung damals erinnern, als alles draußen im Wald stattfand. Die Kinder gewöhnten sich schnell daran und ließen sich ganz auf den Wald ein; die Atmosphäre war von Zauber und Abenteuer geprägt, mit sehr zufriedenen Kindern, obwohl sie meistens Regenkleidung anhatten und wir ständig damit beschäftigt waren, die nassen Kleider zu wechseln. Man spürte Ruhe und Weite, einen besonderen Flow, in den wir nur kommen konnten, weil wir draußen waren. Diese Erfahrungen vermittelten uns die Einsicht, wie sehr sich das Draußensein positiv auf die Kinder auswirken kann. Das wiederum war für uns ein Zeichen, dass wir mit unserem Konzept auf dem richtigen Weg waren: Bedingungen für die Krabbel- und Kindergartengruppen zu schaffen, unter denen sie ganzjährig oder zumindest den größten Teil des Jahres als Outdoorgruppen geführt werden konnten.

Von Anfang an haben wir den Kindern einen Alltag ermöglicht, der sich im Freien abspielt und viele Naturerfahrungen zulässt. Wenn es kalt ist – im Winter und an windigen Regentagen –, sind die Kleinsten aus den Krabbelgruppen nur für kürzere Zeiträume draußen, sie kommen jedoch alle täglich an die frische Luft und erleben die Natur, das ganze Jahr über. In den Kindergartengruppen dagegen sind die Kinder durchschnittlich etwa achtzig Prozent des Tages draußen.

Unsere übergeordnete pädagogische Vision könnte man so formulieren:

Alle Kinder von Bonsai haben liebevolle und nachahmenswerte Erwachsene um sich herum, die jedes einzelne Kind dabei unterstützen, sein inneres Licht zum Leuchten zu bringen.

Weitere Einzelheiten unserer pädagogischen Zielvorstellungen finden sich am Ende des Buches (S. 181ff.).

KAPITEL 1

Warum sind Natur, Bewegung und Aktivitäten im Freien wichtig für Kinder?

Die Entwicklung der Kinder wird angeregt, wenn sich ihnen Sinneserfahrungen in der Natur bieten. Die Körper der kleinen Kinder müssen sich so viel bewegen, wie sie nur können, und dazu bietet sich die Natur besonders an. Hier können die Kinder herumtollen, klettern, Höhlen bauen, graben, rennen, laufen, springen, hüpfen, balancieren, mit Wasser experimentieren, forschen und vieles mehr. Sie können zum Beispiel untersuchen, was unter der Erde passiert, sie können ruhig auf einem Stein sitzen und fasziniert einen Käfer oder eine Ameise beobachten. Die Natur bietet eine Fülle von Möglichkeiten, die innere Natur und die Neugierde der Kinder anzuregen. Das Lernen, das stattfindet, wenn Kinder die Natur wahrnehmen und spüren, fördert ihre physische und ihre kognitive Entwicklung. Es sorgt so auch für die plastische Ausdifferenzierung ihres Gehirns. Wenn sie mit ihrem ganzen Körper in Aktion sein dürfen, haben sie die Möglichkeit, in ihm «anzukommen», und das wiederum unterstützt sie dabei, sich selbst zu finden und selbstbewusst zu werden.

In den vielen Jahren als Leiterin eines Waldkindergartens konnte ich beobachten, dass die Natur bei den Kindern nicht nur für rote Wangen und Ohren, für gute Laune und strahlende Augen sorgt, sondern sie auch zunehmend zur Ruhe kommen und bodenständig werden lässt, ihnen die Fähigkeit verleiht, sich zu konzentrieren; und sie werden mit der Zeit erstaunlich selbstbewusst und liebevoll. Bewegung und Outdoor-Aktivitäten regen die Neugier der Kinder an, fördern ihre sozialen Kompetenzen, ihre Sprache, Widerstandsfähigkeit und Gelassenheit. Kinder brauchen viel Platz, Raum nach oben und frische Luft, um im Gleichgewicht zu sein. Es gibt zahlreiche gute Gründe, warum sie so viel Zeit wie möglich in der Natur verbringen sollten. In vielen wissenschaftlichen Studien sind u.a. die folgenden elementaren Entwicklungsbedingungen nachgewiesen worden:

- Für Kinder ist es entscheidend, durch Wahrnehmung und Bewegung zu lernen. Es ist wichtig, dass alle ihre Sinne angeregt werden; das ist im Freien durch vielfältige und echte Sinneserfahrungen gegeben (Grahn et al. 2000, Sandseter 2015, Fredens 2011).

- Die Lernfähigkeit ist während der Ausübung einer Bewegung größer, auch das Gedächtnis funktioniert besser, weil mehr Sinne aktiv sind. Je mehr Sinne angesprochen werden, desto tiefer wirkt der Sinneseindruck und desto eher hinterlässt die Situation einen bleibenden Eindruck in der Erinnerung (Fredens 2018, Grahn et al. 2000, Vigsø & Nielsen 2006).
- Natur- und Outdoor-Aktivitäten steigern die Aufmerksamkeit und Konzentration; sie sind eine wichtige Voraussetzung dafür, dass Kinder harmonisch und kreativ sind (Grahn et al. 2000, Vigsø & Nielsen 2006).
- Die motorischen Fähigkeiten von Kindern verbessern sich, wenn sie sich auf unebenem Untergrund bewegen. In der freien Natur werden die Muskeln der Kinder, ihre Beweglichkeit, ihr Gleichgewicht und ihr Orientierungssinn gestärkt (Grahn et al. 2000, Vigsø & Nielsen 2006).
- Die herausfordernderen und gefährlicheren Spiele, die öfter draußen stattfinden, helfen Kindern, Risiken und potenziell gefährliche Situationen besser einzuschätzen und mit ihnen umzugehen (Ejbye-Ernst & Lysklett 2015, Sandseter 2015).
- Die riskanteren Spiele trainieren die sozialen Fähigkeiten der Kinder; die Kinder helfen sich gegenseitig, arbeiten zusammen und handeln Regeln für diese Spiele aus. So lernen sie wichtige Prinzipien von Zusammenarbeit und Gemeinschaft kennen (Sandseter 2015).
- Motorik und Koordination sind bei Kindern, die in der Natur spielen, besser entwickelt als bei jenen, die hauptsächlich auf konventionellen Spielplätzen spielen (Fiskum 2004, Fjørtoft 2000 und Grahn et al. in Sandseter 2015).
- Kinder, die viel in der Natur unterwegs sind, haben ein stärkeres Immunsystem und sind weniger krank; die Studien verzeichnen nachweislich weniger Krankheitstage (Grahn et al. 2000, Vigsø & Nielsen 2006).
- Untersuchungen haben gezeigt, dass Kinder, die auf dem Land, in der Umgebung eines Bauernhofs oder mit Haustieren aufwachsen, weniger anfällig für Allergien sind (Elholm et al. 2015).
- Wenn Kinder viel draußen sind und sich bewegen, verbessert sich ihr Nachtschlaf, weil das Sonnenlicht die Produktion von Melatonin und Vitamin D anregt. Körperliche Ertüchtigung führt außerdem zu gesunder Müdigkeit.
- Verbringen wir mehr Zeit in der Natur, fühlen wir uns entspannter und ruhiger, weil die Natur nicht ständig unsere Aufmerksamkeit erfordert (Kaplan & Kaplan 1989).

Obwohl uns die Studien immer stärker die Bedeutung der Natur und der Bewegung vor Augen führen, haben wir uns eine Kultur geschaffen, in der sowohl Kinder als auch Erwachsene extrem viel drinnen sitzen. Wir haben viele intelligente Maschinen, die uns die anstrengende Arbeit abnehmen – Staubsauger, Waschmaschinen, Pflüge, Traktoren und Autos, die uns von Ort zu Ort transportieren können –, während wir mit digitalen Medien arbeiten, kommunizieren und lernen können und nicht zuletzt von ihnen unterhalten werden – das alles an ein und demselben Ort. Auch wenn die Entwicklung der Technologie zum Großteil positiv ist, nehmen wir mit ihr auch einige «Nebenwirkungen» in Kauf. Wir sind weniger dazu gezwungen, uns körperlich anzustrengen, und erledigen immer mehr Arbeit drinnen vor Bildschirmen, was zur Folge hat, dass beispielsweise Übergewicht und Einsamkeit in unserer Gesellschaft zunehmen.

Im Vergleich zu früher sind wir nicht mehr so ausdauernd und weniger belastbar. Vielen von uns fällt es schwerer, mit den Widrigkeiten umzugehen, die uns allen im Leben begegnen. Die Mutlosigkeit nimmt zu, der Kontakt zur Umwelt wird weniger intensiv. Doch draußen zu sein, bei Gegenwind Rad zu fahren, im Regen zu spazieren, bei Minusgraden im Freien Mahlzeiten einzunehmen, auf Bäume zu klettern oder Hänge rauf- und runterzurennen – das alles sind Dinge, die uns Ausdauer verleihen und uns geistig wie körperlich stärken. Die Natur ist ein Geschenk, wenn es darum geht, den Bezug zur Gegenwart herzustellen und unsere innere Widerstandsfähigkeit (Resilienz) zu stärken. Wir brauchen jene innere Kraft, mutig durchs Leben zu gehen und unsere alltäglichen Herausforderungen meistern zu können, ohne in ein Gefühl der Hoffnungslosigkeit zu versinken. Denn es ist normal, dass wir im Leben immer wieder größeren Herausforderungen begegnen, und eine positive Entwicklung, die bereits in unserer Kindheit durch Natur befördert wird, hilft uns dabei, Lösungen für diese Aufgaben im Laufe des Lebens zu finden.

Der Mensch in der Natur

Wir sind in unserer jeweiligen Lebenssituation mehr oder weniger intensiv mit der Natur verbunden. Seit sich in der Geschichte eine Agrargesellschaft herausgebildet hat, seit Menschen Land kultivieren und von Landwirtschaft leben, wurde zwischen Natur einerseits und Menschengemachtem, Kultur andererseits unterschieden. Die Natur ist das Wilde, das hervorbricht und sich ausbreitet, wenn der Mensch nicht handelt, während die Kultur der Versuch des Menschen ist, die Natur zu kontrollieren – die Zivilisation. Märchen, die von Trollen, Zwergen und übernatürlichen Wesen erzählen, können auch ein Ausdruck dafür sein, dass dieser Natur Kräfte innewohnen, die der Mensch nicht zu kontrollieren vermag; man kann nur mit ihnen kooperieren oder sich ihnen letztlich ergeben. In unserer modernen Welt werden wir an die Kraft und die Gewalt der Natur erinnert, wenn Stürme und Hurrikans Stadt und Land verwüsten. Die Natur ist mächtig, sie kann gewaltsam und zerstörerisch sein, zugleich aber auch sanft, bereichernd, fruchtbar und unverzichtbar für uns.

Wenn wir uns mit Kindern in der Natur aufhalten, müssen wir uns bestimmter möglicher Gefahren bewusst sein, doch sollten wir dabei keine Angst erzeugen, sondern der Natur Respekt zollen. In manchen Gegenden der Erde kann die freie Natur zu rau für kleine Kinder sein, sodass man ihnen die Naturerlebnisse und die Erfahrungen des Draußenseins besser in Gärten und Parks ermöglicht. Doch in unserem Teil der Welt ist der derzeit größte Feind in der freien Natur nur ein sehr kleines Tier: die Zecke, die Borreliose verursachen kann. Diesbezüglich müssen wir sicherstellen, dass die Kinder, täglich auf Zecken durchgesehen und gegebenenfalls von ihnen befreit werden. Die Natur an sich ist nicht gefährlich, die Zecke kann es jedoch sein, wenn man zulässt, dass sie einen befällt.

Die Natur macht mit uns etwas völlig anderes als das von Menschenhand Geschaffene. In der Natur geben wir die Kontrolle ab; wir Menschen sind nur ein kleiner Teil eines größeren Ganzen, und es ist wichtig, dass sich die Kinder dessen bewusst sind und lernen, dies in Demut anzunehmen. Das schafft ein Bewusstsein, das für unsere gemeinsame Zukunft und für jeden einzelnen Menschen wichtig ist. Nur so können wir Erfahrungen einordnen, können wir durch Erfolg und Misserfolg Entwicklung und Rhythmus verstehen lernen.

Das Naturdefizitsyndrom

2008 veröffentlichte der amerikanische Journalist Richard Louv das Buch *Das letzte Kind im Wald* (2011 von Andreas Nohl ins Deutsche übersetzt), das als Startschuss für die sogenannte «Leave-No-Child-Inside»-Initiative in den USA gilt. Louv beschreibt, wie anders seine eigene Kindheit war im Vergleich zu derjenigen der meisten Kinder heutzutage. Heute verbringen Kinder viel weniger Zeit in der Natur. Laut Louv leiden viele Kinder aktuell

Die Verbindung des Kindes mit der Natur

In der Kinderinsel Bonsai machen wir die Erfahrung, dass Kinder, die viel Zeit in der Natur verbringen, auch eine stärkere Verbindung zu ihr aufbauen. Sie erleben Freude in ihr, gewinnen Einsichten in ihre Prozesse und lernen sie zu lieben. Die Natur macht Appetit auf das Leben, sie schenkt Tiefgang, Achtsamkeit und Begeisterung – und glückliche Kinder entwickeln ein gesundes Selbstvertrauen und Selbstwertgefühl. Wir legen Wert darauf, dass alle Kinder so viel wie möglich draußen sind. Die Natur ist schon an sich organisch und lebendig und bietet ständig neue Erlebnisse und Abenteuer. Wenn wir in und mit ihr handeln, reagiert sie unmittelbar und antwortet auf unser Tun: Der Ast bricht, wenn an ihm gerüttelt wird, das Wasser spritzt, wenn man in eine Pfütze springt.

Viele unserer ehemaligen Kindergartenkinder, die heute junge Erwachsene sind, bestätigen, dass die Natur ihnen besonders viel bedeutet und dass sie regelmäßig in die Natur zurückkehren, um Frieden, Ruhe und das Gefühl der Zusammengehörigkeit zu empfinden.

Wir hoffen, dass diese Freude an der Natur, die unsere Kinder erleben, dazu beiträgt, dass sie ein stärkeres Umweltbewusstsein entwickeln und die Erde achten lernen – unsere Erde, die wir ja gerade von unseren Kindern geliehen haben.

deswegen unter einer Störung, die er (und mit ihm auch andere Wissenschaftler) «Naturdefizitsyndrom» nennt. Die wesentlichen Ursachen hierfür sind die vielen Bildschirme in unserem Alltag, die unsere Aufmerksamkeit beanspruchen, sowie die Tatsache, dass immer mehr Menschen in städtischen Regionen leben, wo sie vom Kontakt zur Natur abgeschnitten sind und ihnen tägliche Naturerlebnisse verwehrt bleiben. Um seinen Standpunkt zu verdeutlichen, vergleicht er die lebenswichtigen, kräftigenden und heilsamen Effekte der Natur mit Vitaminen – Natur ist gewissermaßen «Vitamin N», und ein «Vitamin N-Mangel» zeigt sich an einer Reihe von Symptomen:

- weniger Sinnesanregungen und dadurch ein verringerter Gebrauch der Sinne
- Konzentrationsschwierigkeiten
- häufigere körperliche und psychische Krankheiten (Louv 2011).

Es sollte erwähnt werden, dass weder «Naturdefizitsyndrom» noch «Vitamin N» wissenschaftliche Begriffe sind, sondern Arbeitsbezeichnungen von Louv, um seine Thesen zu verdeutlichen. Trotzdem hat er damit den Nerv der Zeit getroffen und einen zentralen Aspekt unseres Verhältnisses zur Natur benannt. Laut einer Studie des Dänischen Naturschutzbundes (TNS Gallup «Nature Day» 2015) schätzt etwas mehr als die Hälfte der in Dänemark befragten Eltern, dass ihre Kinder weniger Zeit in der Natur verbringen, als sie es in ihrer eigenen Kindheit taten. Fast die Hälfte der Befragten meint, ihre Kinder seien zu wenig draußen. In den letzten Jahren lässt sich an mehreren Stellen – in unserer Gesellschaft, in Politik und Wissenschaft – ein zunehmendes Naturbewusstsein ausmachen: die Erkenntnis, dass Natur elementar wichtig für unsere Gesundheit und unser Wohlbefinden ist. So konzentrieren sich beispielsweise mehrere Großstädte darauf, mehr städtische Naturoasen und Möglichkeiten für Stadtgärten zu schaffen. Ein neues interdisziplinäres Forschungszentrum der Kopenhagener Universität, das «Center for boern og natur» («Zentrum für Kinder und Natur»), soll untersuchen, wie Kinder die Möglichkeiten in der Natur ergreifen (oder eben nicht nutzen); es soll die Forschung über die Auswirkungen von Naturerfahrungen auf Entwicklung und Wohlbefinden des Kindes vorantreiben und den Kenntnisstand dazu vertiefen.

Das Gehirn entwickelt sich durch körperliche Bewegung

Der Hirnforscher Kjeld Fredens hebt seit vielen Jahren die enorme Bedeutung der Natur für das Wohlbefinden sowie die soziale und psychische Entwicklung des Kindes hervor (Fredens 2018). Laut Fredens haben die Sinneserfahrungen einen elementaren Einfluss auf die Stimulation des Gehirns. Wir können nichts wahrnehmen, ohne dass eine wie auch immer geartete Bewegung stattfindet. Wenn Kinder in der Natur sind, ist es

für sie völlig natürlich, sich zu bewegen; sie fordert kindliche Bewegung geradezu heraus, und dadurch können die Kleinen viele verschiedene Sinneserfahrungen machen, die die Natur so reichhaltig ermöglicht. Fredens erläutert, wie die sensomotorische Entwicklung das Verständnis des Kindes von seiner Umgebung erweitert. «Wenn sich das Kind bewegt und, nicht zuletzt, wenn es gelernt hat zu gehen, bildet es seinen Sinnesapparat und seine Wahrnehmung aus, um sich in seiner näheren Umgebung zu bewegen und zu orientieren; das betrifft auch die Tätigkeiten in seiner Umgebung und die sozialen Beziehungen. Das Kind beobachtet die Handlungen anderer und macht sie sich zu eigen, indem es nachahmt, aber die Voraussetzung für diese Nachahmung ist eine gut entwickelte Wahrnehmung des eigenen Körpers» (Fredens 2018).

Und genau diese Wahrnehmung des eigenen Körpers entsteht durch die Entwicklung der motorischen Fähigkeiten und durch die ermöglichten Sinneserfahrungen. Der taktil-kinästhetische Sinn – die Tast- und Bewegungsempfindung – ist der grundlegendste Sinn des Menschen; er gibt uns Auskunft darüber, was wir fühlen, wo im Raum sich unser Körper befindet und was wir mit ihm machen. Es ist wichtig für die Entwicklung des menschlichen Gehirns, dass es seine eigene Position im Verhältnis zur Außenwelt und zu anderen Menschen erfassen und verstehen kann. Es ist entscheidend, dass wir spüren können, was wir greifen und in den Händen halten, dass dies für uns eine physische Bedeutung bekommt und dass wir Vorstellungen davon entwickeln, was wir mit den Gegenständen machen (Skaarup Blendstrup 2015).

Motorische und sensomotorische Entwicklung unterstützen die Reifung des kindlichen Gehirns, sie erweitern seine geistigen Fähigkeiten und sein Fassungsvermögen. Es gibt zwei grundlegende Arten der Bewegung: Kriechen, Krabbeln, Gehen usw. hängen mit der *Grobmotorik* des Kindes zusammen und werden durch das zentrale Muskelsystem gesteuert, während sich die *Feinmotorik* in den Händen, den Füßen und im Gesicht abspielt, an die Handhabung von Dingen und die Kommunikation über Gesten und Mimik geknüpft ist. Motorische Entwicklung benötigt Übung, braucht äußere Reize und hängt von kulturellen Traditionen ab (Fredens 2018). Grobmotorische Fähigkeiten werden durch Bewegungen gestärkt, wenn also die Kinder rennen, gehen, balancieren, kriechen, springen, hüpfen, tanzen. Wenn wir im Wald sind, bewegen wir uns auf unebenem Grund, klettern auf Bäume, drehen uns und rollen bergab, heben Baumstämme hoch, bewegen große Äste, kriechen in Höhlen, besteigen umgestürzte Bäume. Unsere Feinmotorik und die Koordination werden dadurch gestärkt, dass wir in der Natur ständig unsere Hände benutzen, Dinge untersuchen, auf Holzoberflächen Larven und Insekten berühren oder an einem Stück Holz schnitzen. Sich in der Natur aufzuhalten ist also für die Grob- wie die Feinmotorik ein Geschenk, und da die Natur ständig in Bewegung ist, wird das Kind täglich motiviert, seine eigenen Fähigkeiten in der Natur zu erforschen.

Vorschulkinder brauchen für ihren Lernprozess den eigenen Körper und die Sinne. Sie müssen in Bewegung sein und werden dabei ganz Teil der Bewegung; daher ist sie für ihren Körper und ihre Lernfortschritte so wichtig und so entwicklungsgemäß. Die Alltagshandlungen sind mit vielen Sinneseindrücken verknüpft, die an verschiedenen Stellen im Gehirn verarbeitet werden. Als Ergebnis werden Neuronen in verschiedenen Bereichen stärker miteinander verbunden. Das neuronale Netzwerk kombiniert die neuen Informationen mit gespeicherten Mustern, und genau diese Mischung, die dabei entsteht, prägt sich ins Gedächtnis ein und wird erinnert. Die Entwicklung des Gehirns ist somit ein dynamisches Zusammenspiel zwischen den konstitutionellen Voraussetzungen und der Umwelt. Die neuronale Struktur mit den ihr immanenten Bedingungen stellt die Anlage dar, aber die Erfahrungen verleihen ihr ihre spezifische Ausformung (Hart & Møller 2001).

Für das Kind findet die Integration von Bewegung, Sinneseindrücken und kognitiver Entwicklung besonders durch das *Spiel* statt – ein Lernen, das vom ganzen Körper verinnerlicht wird. Für die Kleinen ist es selbstverständlich, in Bewegung zu sein. Stellen Sie sich ein Klassenzimmer vor, in dem Dreijährige stillsitzend unterrichtet werden; eine solche Situation wäre sehr schwierig durchzuhalten und für die Kinder höchst unnatürlich. Sie würde sehr wahrscheinlich die Amygdala aktivieren, unser Reptiliengehirn, das Emotionen wie Stress, Angst und Wut auslöst.

Rudolf Steiner formulierte den Zusammenhang zwischen körperlicher und geistiger Entwicklung beim kleinen Kind so:

> «Das Kind lebt bis zu dem Zeitabschnitte, in dem es, um das siebente Jahr herum, den Zahnwechsel durchmacht, ganz an seine Umgebung hingegeben. Man möchte sagen, das Kind ist ganz Sinn. Wie das Auge in den Farben lebt, so das ganze Kind in den Lebenäußerungen seiner Umgebung. Jede Geste, jede Bewegung des Vaters, der Mutter wird in entsprechender Art im ganzen Innenorganismus des Kindes miterlebt. – Bis in diesen Zeitabschnitt wird von der menschlichen Wesenheit das Gehirn gestaltet. Und vom Gehirn geht in dieser Lebensepoche alles aus, was dem Organismus sein Innengepräge gibt. Und im Gehirn bildet sich in feinster Weise nach, was sich durch die Umgebung als Lebensoffenbarung abspielt.»
>
> *Rudolf Steiner, GA 36, 1923, S. 293*

> «Soll in diesem Lebensalter Seelisches wirksam werden, so muss die Wirksamkeit körperlich sich offenbaren. Das Kind kann nur mit der Außenwelt in ein Verhältnis kommen, wenn dieses Verhältnis einen Reiz darstellt, der körperlich sich ausleben kann. Das ist nur dann der Fall, wenn das Kind nachahmt. Vor dem Zahnwechsel ist das Kind ein rein nachahmendes Wesen im umfassendsten Sinne. Seine Erziehung kann nur darinnen bestehen, dass die Menschen seiner Umgebung ihm das vormachen, was es nachahmen soll.»
>
> *Rudolf Steiner, GA 36, 1922, S. 286f.*

Mit Kindern in der Natur spazieren

Ein Spaziergang in der Natur bietet Kindern viele Entwicklungsmöglichkeiten, vor allem wenn man dabei für Abwechslung sorgt. Die erwachsene Begleitperson ist für die Atmosphäre verantwortlich, sie schafft den geeigneten Rahmen für die Wanderung. Unterwegs macht es Freude zu singen. Zwischendurch ergeben sich bestimmt auch Gelegenheiten für ruhige Momente, in denen man auf die Geräusche in der Natur lauscht. Vielleicht halten sich die Kinder auch paarweise – jeweils ein größeres und ein kleineres Kind – an den Händen.

Der Spaziergang mit Kindern erfordert Geduld; mit Stress kommt man hier nicht weiter. Im Gegenteil, es bereitet den Kindern Freude, wenn wir Zeit haben und anhalten, um zu beobachten, wie eine Schnecke die Straße überquert, oder die Muse haben, beim Gehen eine Geschichte zu erzählen. Der Spaziergang kann mit kleinen Abwechslungen variiert werden, etwa wenn die Kinder zwischendurch rennen dürfen und an einem ausgewählten Baum wieder anhalten, wenn man Bäume, Pflanzen und Vögel beobachtet, Lieder singt oder beim Laufen Reime und Verse spricht.

Der Prozess und die Art und Weise, wie spaziert wird, ist also wertvoll, wenn wir mit Kindern spazieren gehen.

Es ist eine gute Gewohnheit, regelmäßige Spaziergänge in den Alltag der Kinder einzubauen, denn Gehen tut der Atmung gut, stärkt die Motorik und die Gehirnentwicklung des Kindes und trainiert die Koordination, weil man sich auf unebenem Boden bewegt. Gehen ist eine rhythmische Bewegung, die Kraft, Ausdauer und Ruhe verleiht. Und wenn wir gemeinsam spazieren gehen, nehmen wir uns gerne an der Hand, denn es gibt uns das Gefühl von Sicherheit und Gemeinschaft.

Ich persönlich habe die Erfahrung gemacht, dass Gehen inspiriert und mich tatkräftiger macht. Ich unternehme daher möglichst täglich einen Spaziergang, und nach einem flotten Marsch erlebe ich mich positiver und energiegeladener; meine Willenskraft wird gestärkt, und ich empfinde eine innere Befriedigung. Nicht selten komme ich im Gehen sogar auf die Lösung eines Problems.

Spontane Aufmerksamkeit und Erholung in der Natur

Vor nunmehr dreißig Jahren präsentierten die Psychologen Rachel und Stephen Kaplan eine Studie über die heilsame, aufbauende Wirkung der Natur bei Menschen, die unter psychischer Belastung und Stress leiden. Ihre Theorie wurde mittlerweile empirisch bestätigt, und in den letzten Jahren wurden sogar Therapiegärten für Burnout-Patienten gegründet, beispielsweise der forschungsgestützte Therapiegarten Nacadia in Hørsholm. In Schweden haben Ärzte schon lange die Möglichkeit, Gartentherapie als Mittel gegen Stress und Burnout zu verschreiben.

Die Psychologen Kaplan und Kaplan arbeiten mit zwei Schlüsselbegriffen: mit «zielgerichteter Konzentration» und «spontaner Aufmerksamkeit». Die *zielgerichtete Konzentration* bringen wir ständig im täglichen Leben auf, wenn wir uns beispielsweise im Verkehr bewegen oder Arbeiten im Büro ausführen. Diese Art der Konzentration erfordert es, dass man sich anstrengt. Unsere Fähigkeit, die zielgerichtete Konzentration zu mobilisieren, ist aber begrenzt – und genau hier entsteht das Dilemma. In der heutigen Informationsgesellschaft ist viel zu wenig Raum für Ruhezeiten und Erholung. Die Verarbeitung unnötiger Informationen – Werbung, Lärm, unbekannte Gesichter usw. –, die unsere Aufmerksamkeit auf sich ziehen und nach einer Reaktion verlangen, bindet einen sehr großen Teil der zielgerichteten Aufmerksamkeit, was dazu führt, dass wir noch mehr Energie für die Konzentration auf notwendige Arbeitsaufgaben aufbringen müssen. Das Ergebnis ist geistige Erschöpfung. Die *spontane Aufmerksamkeit* hingegen wird von etwas Faszinierendem geweckt oder von etwas, das man in der Umgebung bestaunt. Sie unterbricht die zielgerichtete Konzentration. Um fasziniert zu sein, ist keine Anstrengung nötig, stattdessen schafft diese Art der Aufmerksamkeit die Möglichkeit für Erholung. In der Natur wird eine sanfte Faszination angeregt, die uns gleichzeitig zu denken erlaubt. Diese sanfte Faszination oder das Staunen sowie das damit einhergehende Gefühl, wieder Kraft schöpfen zu können, stärkt die Fähigkeit, sich auf Anspruchsvolles zu konzentrieren und Widerstandsfähigkeit gegenüber Stress aufzubauen (Grahn et al. 2000). In der Kinderinsel Bonsai arbeiten wir mit dem Konzept des natürlichen Staunens, das uns die Möglichkeit gibt, unsere Erfahrungen in eine besondere Form der Nähe und Unmittelbarkeit zu integrieren.

Rudolf Steiner beschreibt in dem folgenden Zitat, wie der Mensch durch seine Verbindung zur Natur dabei unterstützt wird, sich selbst zu finden; sich mit der Seele damit zu verbinden. Steiner sieht starke Beziehungen zwischen der menschlichen Seele und der Natur, und wenn wir unsere Aufmerksamkeit auf die Natur richten, kann dies auch dazu beitragen, dass wir zu uns selbst finden:

«Der Jahreslauf hat sein eigenes Leben. Die Menschenseele kann dieses Leben mitempfinden. Lässt sie, was von Woche zu Woche anders spricht aus dem Leben des Jahres, auf sich wirken, dann wird sie sich durch solches Mitleben selbst erst richtig finden. Sie wird fühlen, wie ihr dadurch Kräfte erwachsen, die sie von innen heraus stärken. [...] Sie wird dadurch erst gewahr werden, welche zarte, aber bedeutungsvolle Verbindungsfäden bestehen zwischen sich und der Welt, in die sie hineingeboren ist.»

Rudolf Steiner, GA 40, 1918

Studien zur Entwicklung von Kindern in Wald- und Naturkindergärten

Das Forscherteam hinter der ersten groß angelegten Studie in Skandinavien, wie Natur und Aktivitäten im Freien die motorischen Fähigkeiten sowie die psychische Entwicklung und das Wohlbefinden von Kindergartenkindern beeinflussen, beschreibt den Einfluss der Natur folgendermaßen: «Die Natur vermag die Sinne zu stimulieren, ohne die gesamte Aufmerksamkeit zu binden. Man kann in ihr weiterdenken und weiterspielen. Gleichzeitig trägt sie durch ihre Vielfalt und Diversität dazu bei, dass Kinder neue Einfälle und Anregungen für ihr Spiel bekommen. Da der Natur kein bestimmter Zweck innewohnt, können Kinder sie leicht nach ihren eigenen Bedürfnissen umformen und sie in ihrem Inneren aufnehmen. Die Elemente der Erwachsenenwelt dagegen sind in einer Weise geformt, die für Kinder oft unverständlich bleibt» (Grahn et al. 2000).

Diese Studie wurde in den späten 1990er-Jahren in Südschweden durchgeführt und unter dem Titel *Ute på Dagis* («Draußen im Kindergarten») veröffentlicht. Verglichen wurden dabei die Aktivitäten von Wald- und Naturkindergärten mit jenen von konventionelleren Kindergärten, die aber Außenanlagen zum Spielen hatten. Das Forscherteam berichtete unter anderem, die Ergebnisse seien sehr deutlich ausgefallen, und aufgrund dessen sei es wichtig, «hervorzuheben, dass den Outdoor-Aktivitäten und den Außenbereichen der Kindergärten eine ganz besondere Bedeutung zukommt». Die Untersuchung zeigte, dass die Kinder im Waldkindergarten geschickter und gelenkiger waren, mehr Kraft in den Händen und im Körper und ein besser ausgebildetes Gleichgewichtsvermögen hatten. Sie konnten leicht und entsprechend ihren eigenen Bedürfnissen das Level ihrer Aktivitätsstufen verändern, von der Ruhe bis zu wildem und grenzenlosem Spiel. Für die Forscher war das u. a. eine Erklärung dafür, dass die motorischen Fähigkeiten jener Kinder und ihr Vermögen, sich zu konzentrieren, stärker ausgebildet waren. Wenn die Betreuerinnen und Betreuer die Kinder um Aufmerksamkeit baten, waren diese bereit zuzuhören und neugierig zu erfahren, was passieren würde (Grahn et al. 2000).

Der größte Unterschied zwischen den Kindern aus gewöhnlichen Kindergärten und denen aus Waldkindergärten war nach Angaben der Wissenschaftler die Konzentrationsfähigkeit; sie war bei den Waldkindergartenkindern deutlich stärker ausgebildet. Im gewöhnlichen Kindergarten, wo sich die Kinder größtenteils drinnen und auf bestimmten Spielplätzen draußen aufhielten, war das Konzentrationsvermögen der Kinder oft von zahlreichen ablenkenden Botschaften beeinflusst, sodass sie gezwungen waren, ihre Konzentration darauf zu richten, unnötige Reize auszuschließen; das beeinträchtigte ihre Konzentrationsfähigkeit insgesamt (Grahn et al. 2000; vgl. dazu auch die Theorie der zielgerichteten Konzentration und spontanen Aufmerksamkeit, die im vorigen Abschnitt besprochen wurde).

Inspiriert von dieser schwedischen Studie führten die beiden Dozenten Bent Vigsø und Vita Nielsen eine ähnliche Untersuchung zur Situation in Dänemark durch und stellten die Ergebnisse 2006 in ihrem Buch *Børn og Udeliv* («Kinder im Freien») vor.

Ihre wichtigsten Ergebnisse:

Kinder, die sich in natürlichen Umgebungen aufhalten ...

- ... werden hinsichtlich ihrer motorischen Fähigkeiten außerordentlich stark angeregt, was wiederum sehr wichtig für ihr Wohlbefinden und ihr Lernvermögen ist. Das hohe Maß an körperlicher Aktivität, zu dem die Natur einlädt, begünstigt die motorische Entwicklung.
- ... haben eine höhere Konzentrationsfähigkeit als die Kinder, die vornehmlich drinnen sind. Die Ergebnisse zeigen auch, dass es einen Zusammenhang zwischen einer ausgereiften Motorik und dem Konzentrationsvermögen gibt. Vigsø und Nielsen verwenden den Begriff der (zielgerichteten) «Aufmerksamkeit», der in etwa dem entspricht, was oben als «zielgerichtete Konzentration» beschrieben wurde.
- ... sind deutlich erfinderischer als die Kinder in der gewöhnlichen Gruppe. Wenn Kinder in der Lage sind, ihre Motorik zu kontrollieren, und ihre Aufmerksamkeit auf das richten können, was ihnen in ihrer Umgebung als wichtig und spannend erscheint, haben sie offensichtlich bessere Voraussetzungen, kreativ zu sein; auf diese Weise ergeben sich für sie und für andere in verschiedenen Spielen und Aktivitäten neue Herausforderungen.
- ... sind gesünder als die Kinder der Gruppe, die zumeist drinnen sind; das lässt auf einen Zusammenhang zwischen dem Aufenthalt im Freien und der Gesundheit schließen. Es gibt detaillierte Belege dafür, dass diese Kinder seltener krank werden, da sie sich an Orten aufhalten, wo es viel frische Luft gibt, viel Platz, Zeit und Ruhe zum Nachdenken, wo weniger Stressfaktoren auftreten und ein geringeres Risiko herrscht, dass sich Infektionen ausbreiten.

Aufmerksamkeit, motorische Entwicklung und Nachahmung

Vigsø & Nielsen weisen auch darauf hin, dass zielgerichtete Aufmerksamkeit erlernt werden muss und es in dem Zusammenhang wichtig ist, in den Alltag mit Kindern auch praktische Tätigkeiten und Hausarbeiten einzubeziehen; denn diese Aktivitäten sind körperliche Handlungen, die sich für Kinder zum Nachahmen bestens eignen. Dies entspricht voll und ganz Steiners pädagogischer Anschauung, dass gute Vorbilder für das Vorschulkind sehr bedeutsam sind; es lernt durch Nachahmung.

> «Es ist auch hier des Öfteren auseinandergesetzt worden, wie die ersten Lebensalter des Menschen sich in der Entwicklung verhalten. Ich habe vor vielen Jahren schon darauf aufmerksam gemacht, dass bis etwa zum kindlichen Zahnwechsel hin der Mensch sich vorzugsweise als ein nachahmendes Wesen verhält. Alles, was in seiner Umgebung geschieht, wird gewissermaßen instinktiv, stark miterlebt, so wie im späteren Lebensalter nur in den Sinnesorganen, aber ohne dass der Mensch es weiß, miterlebt wird, was in der Außenwelt geschieht. [...] Daher ist es so wichtig, dass wir in der Umgebung des Kindes in diesem Lebensalter bis in die Gedanken und Gefühlsformungen hinein nichts geschehen lassen, was nicht von dem Kinde aufgenommen und angeeignet werden kann.»
>
> *Rudolf Steiner, GA 212, 1922*

Die anthroposophischen Kinderärzte Michaela Glöckler, Wolfgang Goebel und Karin Michael erläutern, dass die kindliche Fähigkeit zur Nachahmung das Ergebnis eines Zusammenspiels dreier Komponenten ist: Beobachtung, mitfühlendes Denken und körperliche Erinnerung. Bei der Beobachtung nimmt das Kind eine Handlung wahr. Das mitfühlende Denken des Kindes (die Fähigkeit, Bedeutung und Kohärenz in einzelnen Beobachtungen wahrzunehmen) ermöglicht es dem Körper, etwas mitvollziehend auszuführen, sodass der Mitvollzug zu einem selbstständigen Nachvollzug werden kann. Diese neue Fähigkeit des Handelns kann schließlich als körperliche Erinnerung abgespeichert werden (Glöckler et al. 2018). Damit es dem Kind später gelingt, die körperlichen Erinnerungen in neue eigene Handlungen umzusetzen, braucht es auch ein gut entwickeltes Gefühl für den eigenen Körper (Fredens 2018). Mit anderen Worten: Die grob- und feinmotorischen Fähigkeiten sind entscheidend dafür, inwieweit es dem Kind gelingt, selbst eine Handlung auszuführen.

Weil Nachahmung bei dem kleinen Kind eine so mächtige Kraft ist und es die Welt in erster Linie durch Nachahmung erfährt, ist es so wichtig – darauf weist Steiner ausdrücklich hin –, dass wir Erwachsenen gute Vorbilder abgeben. Wenn Erwachsene ordentlich und gesittet essen und das Essen genießen, tut das Kind dies ebenfalls. Wenn Erwachsene ihre täglichen Arbeiten in einem ruhigen Tempo erledigen, kann das Kind deren Komplexität wahrnehmen und hat die Möglichkeit, alle

Teilschritte nachzuahmen. Steiner betont, dass jede Erziehung eigentlich Selbsterziehung ist. Das bedeutet: Wenn Erwachsene sich selbst «erziehen», d.h. sich ihres Verhaltens bewusst sind, ihre Haltung und Bewegungen kennen und darum bemüht sind, in Wort und Tat ein gutes Vorbild zu sein, wird das Kind dieses Verhalten ganz natürlich imitieren.

Die Erziehung des kleinen Kindes findet daher auf sehr subtile Weise statt und muss im Idealfall nicht ausdrücklich erklärt werden. «Kinder tun nicht, was wir sagen, sondern was wir tun», heißt es im Volksmund. Das kleine Kind besitzt die natürliche Fähigkeit, seine Umgebung innerlich aufzusaugen und nachzuahmen. Mit dieser Fähigkeit lernt es auch zu denken, zu sprechen und zu handeln und etwa ab dem dritten Lebensjahr zu sich selbst «ich» zu sagen; mit ihr lernt es auch, Empathie zu empfinden.

Was Rudolf Steiner zu Beginn des letzten Jahrhunderts über die Nachahmung des Kindes beobachtet hat, ist heute gesichertes und klar beschriebenes neuropsychologisches Grundwissen. Die Spiegelneuronen ermöglichen es uns, die Handlungen anderer Personen nachzuahmen, ihre Bewegungen mit unserem Körper zu spiegeln. Das ist letztlich eine Voraussetzung dafür, dass wir Empathie entwickeln können und in der Lage sind, uns in die Gefühle anderer Menschen hineinzuversetzen (Hart 2016 B).

Steiner hob außerdem hervor, dass die Lebenskräfte – die Kräfte unseres inneren Willens – in den ersten sieben Lebensjahren am stärksten sind. Diese Kräfte formen das Kind körperlich und seelisch. In diesem Lebensabschnitt wird also das Fundament für den Rest des Lebens gelegt.

Auch dies wird durch jüngste wissenschaftliche Erkenntnisse über die kindliche Entwicklung bestätigt. So beschreibt beispielsweise die dänische Entwicklungspsychologin Susan Hart, wie alles, was wir als Kleinkinder erleben, bleibende Eindrücke hinterlässt und unser Gehirn prägt: Alle Eindrücke, die wir in unserer frühen Kindheit sammeln, erzeugen Synapsenverbindungen und strukturieren auf diese Weise das Gehirn.

Wird eine bestimmte Form des Zusammenlebens regelmäßig wiederholt, zum Beispiel die Art und Weise, wie Eltern die Zeit mit ihren Kindern verbringen, so werden dadurch im kindlichen Gehirn bestimmte neuronale Verbindungen hergestellt. Erlebt man später ein Ereignis, das in ähnlicher Form früher schon einmal stattgefunden hat, werden dieselben neuronalen Verküpfungen aktiviert. Wenn also ein Vorgang oft wiederholt wird, werden diese wiederholten Reize dazu führen, dass sich die ursprünglichen Interaktionsmuster dauerhaft in die Physiologie des Gehirns einprägen, sofern sich keine neuen Beziehungsstrukturen durch das Zusammensein mit anderen Personen bilden. Das heißt also: Was wir in der frühen Kindheit lernen, ist entscheidend für die Organisation des Gehirns (Hart 2016 A).

Das gute Vorbild in der Natur

Eine Erzieherin erzählt: «Wenn ich mit den Kindern im Garten bin und sie gerade spielen, fällt es mir im Winter manchmal schwer, etwas zu finden, womit ich mich sinnvoll beschäftigen kann. Inzwischen habe ich herausgefunden: Nehme ich beispielsweise einen Besen in die Hand und beginne die Bänke zu fegen, tritt etwas Positives ein. Wenn ich in die Tätigkeit komme, geschieht häufig etwas Erstaunliches, nämlich dass ich beim Fegen eine innere Ruhe empfinde. Eine Ruhe, in der ich oft rasch erkenne, was als Nächstes zu tun ist, oder die dazu führt, dass ich auf etwas aufmerksam werde, das man sonst leicht übersieht oder überhört, z. B. das Zwitschern eines Vogels.»

Ein gutes Vorbild zu sein erfordert Fantasie und Kreativität. Um einen grauen Tag auf dem Spielplatz in einen aufregenden und lustigen Tag mit einer sinnvollen Beschäftigung zu verwandeln, braucht man diese Eigenschaften. Manchmal muss einfach etwas erledigt werden, dann entsteht etwas Neues, Bedeutungsvolles fast wie von selbst. In der Natur gibt es den Raum für viele verschiedene Aufgaben gleichzeitig: Eine erwachsene Person hackt Brennholz, eine andere schmiert Brötchen, eine dritte geht mit den Kindern auf Suche nach Insekten. Um uns herum mehr Platz, über uns der freie Himmel – das eröffnet Räume, es ergeben sich nachahmenswerte Situationen und so auch mehr Möglichkeiten für die Kinder. Wir Erwachsenen sollten jederzeit im Bewusstsein haben, wie wir in der einen oder anderen Weise tätig werden können; und wenn es gerade schwer ist, im Garten, rund ums Haus oder in der weiteren Umgebung eine sinnvolle Tätigkeit zu finden, kann man immer auch Arbeiten von drinnen mit nach draußen nehmen: Mahlzeiten vorbereiten, Brot auf einem Lagerfeuer backen, mit den Kindern draußen schnitzen, malen, zeichnen usw.

Kinder denken mit dem Körper

Das Kind erlebt und versteht die Welt über seinen Körper und seine Sinne. Daher ist es wichtig, dass es in den ersten Lebensjahren, bis es in die Schule kommt, vor allem körperlich angeregt wird. Es muss laufen, springen, klettern, gehen und balancieren können, muss die Möglichkeit haben zu singen, zu sprechen, zu reimen, in andere Charaktere zu schlüpfen und sie nachzumachen. Es muss die Welt und andere Menschen kennenlernen, spüren und erleben. Durch den Körper gewinnt es die Eindrücke, die das Gehirn formen und damit die Grundlage für seine spätere mentale Entwicklung bilden. Was wir Erwachsenen mit dem Verstand wahrnehmen, erlebt das Kind mit den Sinnen. Anders ausgedrückt: Das sinnlich Wahrgenommene und das Gedankliche sind für es noch nicht voneinander getrennt. Was die Erwachsenen durch abstraktes Denken verarbeiten können, unabhängig von ihren Sinneseindrücken, ist beim Kind durch ein und dieselbe Erfahrung miteinander verbunden. Deshalb sind auch Geräusche, Geruchs- und Geschmacksempfindungen in der Kindheit ungleich intensiver und wirklichkeitsgesättigter als im späteren Leben (Glöckler et al., S. 358).

Laut dem Hirnforscher Kjeld Fredens ist dieses körperliche Lernen so grundlegend für alles spätere Lernen, dass man es in dem Satz zusammenfassen kann: «Kinder lernen mit dem Körper» (in: Skaarup Blendstrup 2015). Und gerade weil das Kind «mit dem Körper denkt», weil es in seinen Sinnen so aufgeweckt ist und die Sinneseindrücke so stark sind, ist es im Hinblick auf seine Entwicklung so abhängig von äußeren Eindrücken. Es kommt daher ganz darauf an, dass das Kind in einer intakten, gesunden Umgebung aufwächst, die für seine Entwicklung förderlich ist.

Wenn Kinder also mit dem Körper denken, ist es auch elementar wichtig, dass sie ihn einsetzen dürfen. Wir sollten ihnen daher in erster Linie so viele, so reichhaltige und so vielfältige Gelegenheiten zum körperlichen Lernen wie möglich anbieten, anstatt das Gewicht auf intellektuelles, verbalisiertes Wissen und Lernen auf Grundlage von Anweisungen zu legen. Und die Natur ist für das körperliche Lernen die ideale Umgebung.

In der Natur gibt es viele Gelegenheiten, den ganzen Körper in verschiedenster Weise und völlig ungezwungen einzusetzen, denn sowohl Fein- als auch Grobmotorik und alle Sinne werden angeregt. Und obwohl die Natur diese Fülle an verschiedenen Reizen für Körper und Sinne bereithält, bietet sie auch Anlass zu mentaler Erholung, denn es liegt sozusagen am Kind selbst, sich den Reizen zu öffnen. Die Natur drängt sich nicht auf, wie es etwa Medien tun, und man hat nicht das Gefühl, dass man etwas verpasst, wenn man nicht die ganze Zeit aufpasst. Man kann auch einfach nur in den Himmel starren; vielleicht ergibt sich dadurch sogar die Gelegenheit, tiefer in sich selbst einzutauchen. Gleichzeitig wird in der Natur die kindliche Fähigkeit der zielgerichteten Konzentration trainiert.

Auch wenn Kinder nachahmen, tun sie das durch den Körper und durch die Sinne. Sie saugen die Eindrücke förmlich auf, sie speichern und verinnerlichen sie, wenn sie nachahmen. Ein ausgeprägtes Körpergefühl und gut entwickelte Basissinne sind daher die Voraussetzung für Nachahmung.

In diesem Zusammenhang betont Steiner, dass man das kleine Kind nicht durch Reden erziehen kann, sondern der Erwachsene das tun und sein muss, was er dem Kind vermitteln will. Steiner betrachtet dabei den ganzen Menschen, auch den Körper, als Werkzeug, mit dem der Erwachsene dem Kind sein Verständnis vermittelt. Für Steiners pädagogischen Ansatz ist es entscheidend, dass man dem *ganzen* Kind und dem *ganzen* Menschen diese Nahrung gibt.

Die gesunde Entwicklung des Kindes ruht also auf zwei Säulen: Betrachtet man die Bewegungs- und die Sinnesanregungen als die eine Säule, dann bilden Interaktion und Nachahmung die andere Säule. Während durch die Nachahmung das Kind sich selbst und seine Umgebung kennenlernt, erlebt es sich durch die Interaktion mit Erwachsenen und anderen Kindern als soziales Wesen und lernt dabei in vielfacher Hinsicht. Und genau aus diesem Grund ist das Spiel, vor allem das freie Spiel, so wichtig für die gesunde Entwicklung des Kindes (dazu mehr in den Folgekapiteln).

Die Bedeutung der Natur für die Sprachentwicklung

Nicht nur aufgrund der Fülle verschiedener Reize für Körper und Sinne ist die Natur ein ausgezeichneter Lernraum. Studien haben gezeigt, dass Kinder, die einen Waldkindergarten besuchen, sich besser konzentrieren können als solche, die in einen normalen Kindergarten gehen. In natürlicher Umgebung gibt es weniger Lärm, weniger Unterbrechungen und mehr Platz, und all das hilft dabei, sich zu entspannen; das wiederum sind gute Ausgangsbedingungen für den Lernprozess.

Die Natur schafft auch den Raum für die wichtigen kleinen Gespräche mit den Kindern über das, was sie erleben; während man nebeneinander hergeht oder beim Feuer sitzt, ergeben sich solche Gespräche oft von selbst. Draußen, bei Aktivitäten im Freien, bieten sich gute Gelegenheiten, die Sprachentwicklung des Kindes zu fördern. Hier gibt es vieles, worüber wir uns unterhalten können, und die Dialoge beziehen sich meist auf konkrete Dinge, auf Greifbares im Hier und Jetzt, auf etwas, worüber das Kind sich wundert oder das es in Aufregung versetzt.

Für Kinder ist es natürlich, dass sie staunen; das ist ihre natürliche Herangehensweise an die Welt. So kommt ein Kind zum Beispiel mit einem Insekt an und fragt: «Was ist das?» Oder der Erwachsene bringt mit leuchtenden Augen seine Begeisterung zum Ausdruck: «Schau mal, schau dir diesen Käfer

(oder diese Blume oder diesen Vogel) an! Das ist so spannend (bzw. so schön oder so besonders)!»

Das ist magisch für Kinder. Wenn man Enthusiasmus zeigt, strahlt diese eigene innere Freude auf die Kinder aus. Der Erwachsene kann dem Kind helfen, Insekten in einem Glas zu fangen, und so kommen die beiden ins Gespräch, was sie gerade beobachten. Dabei kann es sich um einen einfachen Dialog handeln, bei dem der Erwachsene auch darauf achtet, ob das Kind die Worte richtig ausspricht; vielleicht lernt das Kind auch ein neues Wort, und die neuen Worte, die der Erwachsene gebraucht, schenken wiederum dem Kind neue Ausdrucksmöglichkeiten.

Es gibt in der Natur offenkundig so viele Gelegenheiten, die Sprache des Kindes zu fördern. Ein wesentlicher Punkt dabei ist, dass kleine Kinder in der Natur immer wieder stark motiviert werden, über konkrete Dinge zu sprechen, die sie hier und jetzt finden. Und wenn sich etwas auch noch bewegt, sind sie ganz bei der Sache. Wenn wir in unserem Kindergarten bei einem Kind Sprachschwierigkeiten beobachten, machen wir Erzieherinnen uns gemeinsam mit den Eltern Gedanken, wie wir es in seiner Sprachentwicklung angemessen fördern können.

Bei körperlicher Bewegung werden viele Hirnareale stimuliert, u.a. auch unser Sprachzentrum. In der Natur bewegt sich das Kind auf unebenem Boden und hat viele Möglichkeiten zu abwechslungsreicher Bewegung, was zusätzlich die Sprachentwicklung unterstützt. Denn wenn Kinder ein Wort erlernen, lernen sie eben nicht nur das Wort an sich; sie eignen sich auch die Bedeutung des Wortes an und das, was alles damit zusammenhängt. Zwischen Sprache und Motorik besteht ein enger Zusammenhang, denn die sprachliche Bedeutung baut auf der sensomotorischen Stimulation auf. Konkret: Wenn das Kind das Wort «treten» sagt, sind sowohl im Sprach- als auch im Bewegungszentrum des Gehirns Aktivitäten messbar – genauso, wie beispielsweise das Wort «Geburtstag» emotionale und sprachliche Areale des Gehirns aktiviert (Fredens 2018). Die Worte werden auf der sprachlichen und der semantischen Ebene (d.h. in ihrer Bedeutung) gespeichert; darum hängt auch die Sprachentwicklung des Kindes mit seiner motorischen, der emotionalen, sozialen und psychischen Entwicklung zusammen.

Das Prinzip des nachahmenswerten Vorbilds gilt auch für die Sprachentwicklung des Kindes. Die Kinderärzte Glöckler, Goebel und Michael weisen darauf hin, dass man es vermeiden sollte, falsch ausgesprochene Wörter zu korrigieren, und generell sollte man ein kleines Kind nicht hinsichtlich seiner Sprache zurechtweisen oder Worte mit ihm üben. «Sprache ist unmittelbar Seelenausdruck und will immer etwas direkt ausdrücken. Unterbreche ich den Sprachfluss durch eine Korrektur, so zerstöre ich diese spontane Unmittelbarkeit.» (Glöckler et al. 2018, S. 437f.)

Das Kind lernt Sprache am besten, wenn der Erwachsene in der Nähe des Kindes klar und deutlich und vor allem langsam genug spricht. Lieder, fröhliche Verse, Reime und das Vorlesen oder Erzählen von Geschichten wirken besonders anregend und rufen beim Kind die Freude am Klang der Sprache hervor (Glöckler et al. 2018). Wir sollten den Kindern ein Umfeld schaffen, das ihre natürliche Entwicklung fördert. Das erreichen wir durch Motivation viel eher als durch Unterrichten, damit die Kinder nicht ihre Freude und Neugier verlieren – was leicht passieren kann, wenn man sie vor Anforderungen stellt. So vieles muss das Kind in seinen ersten sieben Lebensjahren erlernen, und das erfordert Zeit, Muse und Geduld. Durch Staunen wird der Lernwille geweckt; die natürliche Neugier des Kindes ist entscheidend, dass – durch Erlebnisse und Erfahrungen – Entwicklung stattfindet und sich Lernerfolge einstellen.

Die Natur als pädagogischer Rahmen im Vorschulalter

In Dänemark blicken wir auf eine lange Tradition zurück, dem Kind in seinem Alltag Naturerfahrungen und den Aufenthalt im Freien zu ermöglichen. Einige Kindergärten haben ihren Fokus stark auf viele Outdoor-Aktivitäten gerichtet, andere weniger, aber die meisten haben die Natur und das Draußensein bis zu einem gewissen Grad in ihren Konzepten verankert. Waldkindergärten findet man in ganz Dänemark – und mittelerweile auch in zahlreichen anderen Ländern. Schätzungsweise zehn Prozent aller Kindergärten in Dänemark sind natur- oder waldpädagogisch ausgerichtet (Ejbye-Ernst 2012). Ihnen ist gemeinsam, dass sie die Natur der Umgebung für ihre erzieherische Arbeit nutzen oder mit den Kindern in die Natur fahren, um sich täglich dort aufzuhalten (siehe S. 23f.).

Ein Waldkindergarten ist also ein Ort, an dem man sich täglich in der Natur aufhält und sie für die meisten oder für alle Aktivitäten als Rahmen nutzt. Dies ermöglicht es, auf natürliche Weise dasjenige zu erforschen, womit wir in unserem tiefsten Inneren verbunden sind: die Natur. Doch über diesen gemeinsamen Nenner hinaus haben Waldkindergärten verschiedene pädagogische Ansätze, individuelle Traditionen und Besonderheiten, die von Institution zu Institution variieren. So wie die Natur unzählige Nutzungsmöglichkeiten bietet, kann auch die pädagogische Praxis innerhalb dieses Rahmens unterschiedliche Formen annehmen. Die Kinderinsel Bonsai ist ein Waldkindergarten auf Grundlage der Waldorfpädagogik. In Waldorfkindergärten hat das Miterleben der Jahreszeiten großen Einfluss auf den pädagogischen Alltag, sowohl draußen als auch drinnen. Selbst wenn viele Waldorfkindergärten keine Waldkindergärten im engeren Sinne sind, geben auch dort die Natur und die Jahreszeiten den Rhythmus für die gelebte Praxis vor.

Wie sich der Waldkindergarten konkret gestaltet, wird in den folgenden Kapiteln beschrieben.

VOLVO

KAPITEL 2

Die Natur als Schwerpunkt des Kindergartens

Wir wissen nun, dass es für die Gesundheit des Kindes förderlich ist, viel in der Natur zu sein. Für die Kinder liegt der Wert nicht nur im Draußensein an sich, sondern auch darin, all die Elemente und neuen Seiten der Natur zu erleben und durch ihre Vielfalt herausgefordert zu werden, den eigenen Körper einzusetzen, zu klettern, zu kriechen, auf unebenen Oberflächen zu laufen und die motorischen Fähigkeiten weiterzuentwickeln. Das Spiel der Kinder wird von der Vielfalt der Natur automatisch inspiriert und bereichert.

Als Erwachsene, die wir mit Kindern arbeiten, liegt es in unserer Verantwortung, dafür zu sorgen, dass die Umgebung solche Qualitäten hat, die die Kinder motivieren und zugleich einen sicheren Aufenthalt im Freien garantieren; damit wir dieser Verantwortung gerecht werden können, müssen wir überdies entsprechend ausgebildet sein. Wir müssen draußen einen Rahmen schaffen, der es gewährleistet, dass alle Kinder gesehen werden und dass ein Wechsel zwischen freiem Spiel und von Erwachsenen geführten Aktivitäten stattfindet.

Von Bedeutung ist auch, wie die Erwachsenen sich verhalten, wenn sie mit Kindern in der Natur sind, denn sie sind die Vorbilder. Sind sie passiv und haben nicht die richtigen Werkzeuge und eine entsprechende Motivation, können sie den Kindern nicht die vielen Möglichkeiten vorleben, die in der Natur zum Nachahmen einladen. So schränken sie die wünschenswerten Entwicklungsmöglichkeiten der Kinder ein.

Im Folgenden gehen wir von unseren Erfahrungen im Waldkindergarten Bonsai aus und schildern Aspekte, die unsere pädagogische Arbeit mit dem Schwerpunkt Natur charakterisieren, und zeigen, wie diese Beziehung zwischen Kindern und Natur fruchtbar sein kann.

Wir tauchen ein in die Natur und das Zusammenspiel der vier Elemente, betrachten die Bedeutung des freien Spiels und der Gemeinschaft. Für gewöhnlich sind Kindergärten von Zäunen oder Hecken umgeben, die die Grenze zur Außenwelt markieren. Nicht so jedoch im Wald, weswegen man andere Maßnahmen ergreifen muss, um Sicherheit und Raum zu schaffen.

Außerdem gehen wir darauf ein, wie es ist, Mutter oder Vater eines Kindes zu sein, das einen Waldkindergarten besucht, und erläutern die notwendigen Voraussetzungen für einen Waldkindergarten, etwa die Fahrt mit dem Bus, der die Kinder aus der Stadt in die Waldgruppe bringt. Und schließlich berichten wir in diesem Kapitel auch, wie wir den kleinen Kindern aus unseren Krabbelgruppen Naturerfahrungen ermöglichen und wie wir die größeren Kinder auf den Übergang in die Schule vorbereiten.

Die Bedeutung der Elemente für die kindliche Entwicklung

In der Natur beobachten wir, dass Kinder wichtige Erfahrungen im Kontakt mit den klassischen vier Elementen sammeln können: mit Feuer, Wasser, Erde und Luft. Kinder sind sinnlich wahrnehmende Wesen, und es stärkt sie, wenn sie die Möglichkeit haben, alle vier Elemente zu erleben: wenn sie beispielsweise die Gelegenheit haben, ein Lagerfeuer zu entzünden und es zu beobachten, wenn sie mit einem Stock in der Erde stochern können, das Salz von Meerwasser schmecken oder die Weichheit des Regens spüren dürfen. Solche Erfahrungen sind essenziell für sie. Die Elemente bieten den Kindern Leben, Veränderung und vielfältige Möglichkeiten in ihrem Alltag.

Den Elementen können wir draußen nicht entkommen; wenn der Wind weht, dann weht er, und wenn es regnet, wird die Welt um uns nass. Wir neigen leider immer häufiger dazu, mit Kindern nicht hinauszugehen, wenn es zu windig oder regnerisch ist, wenn die Wolken alles verdunkeln oder die Luft ungemütlich kalt ist. Tatsächlich sollten wir Erwachsenen aber genau an diesen Tagen den Kindern die Möglichkeit geben, das Raue und den Spaß am Draußensein zu erleben, sie im Regen planschen lassen und ihnen die Kraft zutrauen, die man braucht, um gegen den Wind anzukämpfen. Ich konnte beobachten, dass das Spielen im Regen Kindern eine besondere Ruhe schenkt. Wenn es windig ist, macht es Spaß, sich gegen den Wind zu stemmen oder mit ihm zu laufen und Drachen steigen zu lassen.

Wenn wir die Elemente in den Alltag integrieren, sorgt das für besondere Lebendigkeit und einen natürlichen Fluss, von dem wir Menschen angezogen werden. Was größer ist als wir, finden wir faszinierend, und wir erleben es als etwas Besonderes, wenn wir die Gelegenheit haben, vor Flammen zu sitzen und das Feuer zu genießen, dem Rauschen des Wassers im Bach zu lauschen und Insekten und Vögel in der Luft zu beobachten. Wir sind ein Teil von allem, was um uns herum lebt, und wenn wir dies bewusst wahrnehmen dürfen, entsteht auch eine besondere Verbindung zu diesem vielfältigen Leben.

Die Wirkung der Elemente auf das Kind

Die Fülle der Natur bietet dem wahrnehmenden, neugierigen Kind reichhaltige Nahrung. Die Elemente und die Jahreszeiten sorgen für eine unendliche, wunderbare Veränderung und Verwandlung; für unsere Sinne sind das wichtige, aufbauende Anregungen. Der Duft eines gerade aufgeblühten Buchenwaldes, all die Frühlings- und Sommerblumen, das Meer. Im Herbst riecht der Wald nach Feuchtigkeit und Verrottung, wenn alle Blätter nass auf dem Boden liegen. Unser Tastsinn wird durch das Berühren von Blättern angeregt, wir tasten Zweige, Rinde, spüren Insekten auf der Hand kriechen, Gras an den nackten Beinen kitzeln, Schlamm, Sand und Wasser auf der Haut. Auch die Geräusche im Wald sind vielfältig. Wir gehen dem variantenreichen Zwitschern der Vögel nach, dem Kuckucksruf, dem Klopfen des Spechts, lauschen der Eule, die «schuhu» schreit. Wenn die Frösche im Mai den See besetzen und die Seerosen sich entfalten, sind wir Zeugen eines Froschkonzerts und hören ihren wundervollen Liedern zu. Wir schmecken die Natur, und die Kinder lernen viele Pflanzen kennen, ordnen unterschiedliche Kräuter ein und bereichern ihr Wissen: Das ist eine Buche, das ist Sauerklee, das hier sind Eicheln, Brombeeren, Himbeeren, Holundersträucher. Was davon ist essbar und wovon sollte man die Finger lassen?

Erde

Das Kind begegnet dem Element Erde im Sandkasten, am Strand, im Wald, im Kräutergarten. Erde kann sich verwandeln und wirkt dadurch magisch; mit Wasser vermischt, wird sie zu Schlamm, einem fantastisch formbaren Material, mit dem das Kind modellieren und dadurch kreativ werden kann. In der warmen Jahreszeit wird harte und trockene Erde weicher und geschmeidiger, in der kalten Jahreszeit wird die weiche Erde hart, sie friert und wird eisig. Das Erdelement ist dasjenige Element, das sich formen lässt, und wir können uns glücklich schätzen, dass wir im Winter die Gelegenheit haben, Schnee zu erleben und auf der Erde vieles zu bauen und zu formen – Schneehöhlen, Schneebälle, Schneemänner – und Schneelichter aufzustellen. (Schnee ist genau genommen eine Mischung aus Wasser- und Luftelementen, aber wir erleben ihn als etwas Festes auf der Erde.)

Alle Holzarten gehören zum Element Erde. Wenn wir auf Bäume klettern und sie berühren, spüren wir dabei auch die Lebendigkeit. Wir formen Holz, wenn wir mit einem Messer schnitzen, wir bauen Höhlen mit Zweigen, spielen mit Baumwurzeln, balancieren auf Baumstümpfen, wir hämmern auf Baumstämme, wenn wir etwas bauen, und sammeln und hacken Brennholz.

Wasser

Das flüssige Element hat etwas Verführerisches und Abenteuerliches an sich. Kinder lieben es, mit Wasser herumzuspritzen und seine Möglichkeiten auszutesten, auch wenn sie schwimmen. Was bleibt oben, was sinkt zu Boden, wie verläuft die Strömung? Dadurch entdecken sie die Bewegungen des Wassers und die Schwerkraft der Erde. Die meisten Kinder lieben es, am Wasser und am Strand zu sein. Sie sind fasziniert davon und lassen sich inspirieren, dass sie etwas aufbauen können, das die Wellen wieder zum Einsturz bringen und auflösen – immer und immer wieder. Pfützen im Garten oder auf dem Spielplatz mögen für manche Erwachsenen nervig sein, weil man nass und schmutzig werden kann, aber sie rufen bei den Kindern anhaltende Begeisterung hervor und geben ihnen die Gelegenheit, in unterschiedlichste Spiele einzutauchen, sofern sie mit der richtigen Kleidung ausgestattet sind. Es scheint, als wüssten Kinder ganz instinktiv, wie man mit Wasser spielt. Wasser besitzt eine Qualität, die ruhiges Spiel ermöglicht; oft hat es auch eine belebende Wirkung. Wasser kann man im Sandkasten und im Garten in Kanäle leiten, man kann damit herumspritzen und in es hineinspringen, mit ihm Sand formen und es zusammen mit Erde und Steinen zum Bauen verwenden.

Feuer

Kinder sind oft von Feuer fasziniert. Bei diesem Element muss selbstverständlich ein Erwachsener zugegen sein, denn es ist mit Gefahr verbunden und kann sich schnell ausbreiten. Kinder sollten lernen, wie es ist, sich in der Nähe von Feuer sicher zu fühlen. Wir können schon den Kleinen ein gutes Vorbild sein und ihnen Respekt vor dem Feuer vermitteln, wenn wir beim Mittagessen ein Licht in der Laterne anmachen. Bedächtig entzünden wir die Kerze, pusten das Streichholz aus, warten, bis es verglüht ist, und legen die Streichhölzer dann an einen Ort, den nur Erwachsene erreichen können. Dieses Verhalten zeigt Ehrfurcht und Respekt vor den Eigenschaften des Feuers, die schon das kleine Kind lernen kann.

Wenn wir in und mit der Natur arbeiten, ist Feuer eine wichtige Wärmequelle. Außerdem entstehen eine achtsame Ruhe und eine wunderbare Behaglichkeit, wenn wir um ein Feuer sitzen. Es ist auch schön, mit Kindern am Lagerfeuer zu kochen oder hier ein Fest zu feiern. Wir können mit ihnen Laternen basteln, sodass sie dann erleben, wie das Dunkel mit einem kleinen Licht erleuchtet wird. Kinder müssen einen natürlichen Respekt für das Element Feuer aufbauen und gleichzeitig erleben, welch wichtiges Geschenk es ist – es kann uns wärmen und unser Essen verwandeln: Was roh war, wird knusprig, mürb oder warm. Und es kann Wasser in Tee verwandeln.

Manchmal besuchen wir auch einen Glasbläser; dort erleben die Kinder starke Hitze, sie beobachten den rot glühenden Ofen und sehen, wie das Glas unter hohen Temperaturen formbar wird.

Luft

Die Luft kann sich – wie die anderen Elemente – in verschiedensten Formen zum Ausdruck bringen. Sie kann stillstehen, leicht und sanft sein, genauso gut aber zischen und hart und wild an etwas rütteln. Auch unser Atem kann tief und langsam verlaufen, wenn wir in Ruhe sind, und an Intensität zunehmen, wenn wir außer Atem kommen, schnell laufen oder hüpfen.

Bei starkem Wind erleben wir die Kraft des Luftelements. Es macht Spaß, einen mächtigen Luftzug zu spüren; dann hören wir das Rauschen in den Baumkronen und erfahren den Widerstand am eigenen Leib, wenn wir gegen die Windrichtung laufen. Es verlangt uns Kraft ab, im Sturm draußen zu sein. Bei Windstille spüren wir den Wind, den wir selbst erzeugen können, indem wir die Arme schwingen oder laufen.

Kinder können Erfahrungen mit Luft und Wind machen, wenn wir mit ihnen bei Gegenwind spazieren gehen und sie sich von der Windrichtung tragen lassen, wenn sie Windmühlen basteln, selbst gemachte Papiervögel zu Pfingsten an Schnüren fliegen lassen, drinnen und draußen Windspiele und Windräder aufstellen und Drachen steigen lassen. Beim Blick in die Baumkronen sehen wir, wie der Wind mit Blättern und Zweigen spielt; wir können mit den Blättern auf dem Boden spielen, wenn wir sie im Herbst aufwirbeln und in Blätterhaufen hüpfen. Bei Seewind beobachten wir am Strand die Wellen. Wir können selbst gemachte Rindenboote in See stechen lassen und zuschauen, wie die Brise das Segel bläht; den Wind für das Segel können wir aber auch selbst erzeugen. Und wir pfeifen auf selbst gemachten Bambusflöten, um den Klang des Windes zu hören, den wir selbst produzieren.

Wir erleben, wie die Kinder mit allem, was um sie herum ist, in Kontakt sind und unermüdlich die Veränderungen in der Natur beobachten und erforschen. Der Sehsinn wird durch die vielen Farben und Formen der Natur bereichert, vor allem durch die Erfahrung der Gegensätze. In einem langen Winter beispielsweise präsentiert sich uns der Wald in vielen Brauntönen, und das Auge hat sich an die schönen Baumsilhouetten mit ihren schlanken Stämmen gewöhnt, die wir jetzt gut erkennen können; unser Blick reicht im Winter weit in den Wald hinein. Doch dann kommt der Frühling, die Buchen beginnen zu blühen, und nach kurzer Zeit nehmen wir die Verwandlung des Waldes wahr. Es ist fast ein Wunder, wie er innerhalb weniger Tage in lichtem Hellgrün erstrahlt. Und so faszinierend geht es weiter. Im Laufe des Sommers wird das hellgrüne Farbspektrum durch dunklere Grüntöne abgelöst, und zum Herbst hin färben sich die Blätter im Wald erneut und werden jetzt gelb, orange, rot und braun. Es liegt in der Natur der Sinne, sich an Reize zu gewöhnen, doch in der Natur werden die Sinne ständig angeregt und aktiviert, weil sie sich fortwährend verändert. Wenn wir Kindern Zeit geben, in die Natur einzutauchen, lernen sie viel durch das Erforschen der Elemente, die ihnen draußen, in der natürlichen Welt, begegnen. Die Kinder kommen zu sich und erfahren Grundlegendes, wenn sie mit Erde, Wasser, Feuer und Luft umgehen und sich mit diesen Elementen verbinden.

Ich habe Kindergärten in malerischen Gegenden kennengelernt, die jedoch die vier Elemente nicht in ihre Arbeit einbezogen, und Kindergärten in großen Städten erlebt, in denen die Elemente ganz selbstverständlich ein Bestandteil des kindlichen Alltags waren. Ein bewusster Umgang mit den Elementen sorgt dafür, dass unsere Umgebung nicht eindimensional bleibt; viele natürliche Erkundungsmöglichkeiten tun sich auf, und für die Kinder entstehen Orte, an denen sie auf Entdeckung gehen können. Wenn das Kind im Sandkasten spielt, wird es mit Freude Sandkuchen backen. Mit Sand, Schaufel und Eimer kann es bereits sehr kreativ werden; kommt jedoch das Element Wasser hinzu, werden die Spielmöglichkeiten unendlich erweitert, weil aus weichem Sand Schlamm gemacht, Rinnen gegraben und viele Gebilde konstruiert werden können. Wenn wir also die vier Elemente im Alltag mitdenken und den Garten oder den Spielplatz entsprechend mit mehr Möglichkeiten ausstatten, schaffen wir die Voraussetzungen, dass Kinder inspiriert und vertieft spielen können.

Das freie Spiel in der Natur

Das freie Spiel (oft als «Freispiel» bezeichnet) wurde in den letzten Jahren zu einem kontroversen Thema, da in Kindergärten immer mehr Wert auf Lernoptimierung gelegt wurde. Wir sind große Befürworter des freien Spiels und betrachten es als einen der Eckpfeiler für die gesunde Entwicklung jedes Kindes. Zum Glück bieten Waldkindergärten gute Bedingungen für das freie Spiel, denn in Wald und Natur findet man reichhaltiges und vielfältiges Material zum Spielen. Wenn ich das Spiel der Kinder in der Natur beobachte, erlebe ich eine ganz besondere Atmosphäre der Präsenz, Ruhe und Vertiefung. Freies Spiel bedeutet, dass die Fantasie der Kinder die Regeln für die Entfaltung des Spiels festlegt. Der Rahmen ist nicht vorgegeben, und von den Erwachsenen werden keine Regeln oder Ziele für den Inhalt des Spiels gesetzt, wie es bei gemeinsamen Aktivitäten oder Reigenspielen der Fall ist. Im freien Spiel können Kinder wirklich frei assoziieren und werden nicht durch Regeln und Gesetze unterbrochen, die in der realen Welt gelten. Im Spiel können sie Dinge tun, die die Realität sonst nicht zulässt, außerdem ist es frei von Vorurteilen, Regelsetzungen und Einschränkungen. Trotzdem entstehen in der Natur laufend Momente der Überraschung, auch der motorischen Herausforderungen – ein Ast gibt nach, man merkt, dass er gleich brechen wird, und spürt ein flaues Gefühl im Magen, wenn man gerade hoch oben im Baum klettert.

Das freie Spiel, bei dem Kinder ohne Kontrolle der Erwachsenen spielen, ist für sie von größter Bedeutung, um alle Eindrücke, die im Laufe eines Tages auf sie einwirken, zu verarbeiten. Es sind Pausen – Momente, in denen das Kind innehält, sich innerlich sammelt und Verständnis für das entwickelt, was es gehört, gesehen und erlebt hat. Erwachsene können und sollten zwar den Rahmen schaffen, das Spiel selbst kommt jedoch aus dem Inneren des Kindes, es lebt darin seine eigene Vorstellungskraft aus. Erwachsenengeleitete Tätigkeiten und Ereignisse im Kindergartenalltag, etwa der Morgenkreis, und Gruppenaktivitäten, beispielsweise wenn wir malen, backen, zeichnen, essen und Geschichten hören, sind «geführte» Aktivitäten; diese Handlungen sind mit Eindrücken verbunden, die das Kind aufnimmt. Die Impressionen können nur verdaut und in die Erfahrung und das Gefühlsleben des Kindes integriert werden, wenn es die Möglichkeit hat, frei zu spielen, das Erlebte zu vertiefen und zu wiederholen. Spielen fördert die Gesundheit der Kinder; im Spiel geschehen Wunder, weil Kinder dabei die Erlebnisse an ihre gedankliche und emotionale Welt anpassen und entsprechend einordnen; sie testen aus und entschlüsseln soziale Regeln, erschaffen und bauen die Eindrücke neu auf, üben sich, bis sie das Neue beherrschen. All das regt die Gehirnentwicklung an, sodass die vielen alltäglichen Eindrücke an den richtigen Orten abgelegt werden. Weder ein ganzer Tag mit freiem Spiel noch ein ganzer Tag mit geführten Aktivitäten wäre gut für ein Kind; es geht um die richtige Abwechslung zwischen erwachsenengeführten Aktivitäten und freiem Spiel, um einen gesunden Rhythmus.

In der Waldorfpädagogik wird der Rhythmus mit dem Atem verglichen. Beim Atemprozess muss das Einatmen immer vom Ausatmen abgelöst werden. Das freie Spiel gleicht dem Ausatmen, die geführten Aktivitäten entsprechen dem Einatmen, und wie auch unsere Atemzüge von unbewussten Impulsen gesteuert werden, damit auf ein Einatmen automatisch ein Ausatmen folgt, ist es auch wichtig, einen Rhythmus zu finden, wenn es um freies und geführtes Spiel geht – einen Rhythmus, der die gesunde Entwicklung des Kindes fördert. Näheres dazu im nächsten Kapitel.

Während ihrer Kindergartenzeit durchlaufen Kinder verschiedene Spielphasen. Die Kleinen im Alter von ein bis drei Jahren spielen eher nebeneinander als zusammen. Mit drei bis vier Jahren beginnen die meisten mit Rollenspielen, in denen das Spiel sowohl einen bestimmten Charakter als auch ein bestimmtes Thema bekommt. Wir erleben, dass Kinder durch Entfaltung im freien Spiel ausgeglichener werden.

Immer wieder beobachten wir auch, dass einige Kinder mit Filmen und Computerspielen konfrontiert werden, die nicht altersgemäß sind und die sie noch nicht verstehen können. Sie sind wie gebannt von ihnen und davon besessen, diese Spiele immer wieder zu spielen; dann werden sie von einem Spiel gefangen genommen. In der Natur dagegen spielen sie mit dem, was ihnen zur Verfügung steht; sie erfinden und schaffen Universen, die Kinder aus verschiedenen Altersgruppen mit einbeziehen können – die größeren legen den Rahmen fest, verteilen die Rollen und die Aufgaben, aber alle tragen zur endgültigen Ausgestaltung des Spiels bei.

Im Wald können sich viele unterschiedliche Rollenspiele entfalten: Mutter–Vater–Kind, Tierklinik, Bäckerei, Lebensmittelladen, Taufen, Hochzeiten, Schifffahrt, Bauernhof, Beerdigung, Arbeitsalltag, Restaurant, Küche, Notaufnahme, Bank. Die Spiele handeln thematisch von Tieren, Menschen und

Die Tierwelt

Wir erforschen und sprechen gerne über Tiere im Wald, im Garten, am Wasser, im See oder auf dem Waldweg. Im Wald und im Garten können wir ein reiches Vogel- und Tierleben beobachten, wir entdecken Eichhörnchen, einen Fuchsbau, laufende Waldmäuse, Insekten und vieles mehr. Wir bringen den Tieren, unseren Freunden, große Liebe entgegen. Wenn wir als Pädagogen unseren Alltag mit den Kindern im Wald verbringen, teilen wir diese Neugier und Zuneigung mit ihnen. Wir staunen über Insekten, bewundern einen Schmetterling oder beobachten eine Ameise, die etwas trägt, das viel größer als sie selbst ist. Auf diese Weise wird das Lernen als etwas Natürliches in den Alltag der Kinder eingebaut.

Das Sprachzentrum der Stadt Kopenhagen bietet Kindertagesstätten die Möglichkeit, kleine Tiere auszuleihen, da die Erfahrung gezeigt hat, dass es sich positiv auf die kindliche Sprachentwicklung auswirkt, wenn Tiere berührt, gesehen, umsorgt und gestreichelt werden und man über sie spricht. Ausgeliehen werden können Schnecken, Mäuse, Meerschweinchen usw., was passend ist, wenn sich ein Kindergarten mitten in der Stadt befindet. Wir haben das Privileg, dass wir eine reiche Tierwelt direkt vor unserer Haustür haben, und bemühen uns, sie in den Alltag mit einzubeziehen. Sieht ein Kind eine Schmetterlingsraupe, teilen wir seine Begeisterung und schenken ihr Aufmerksamkeit. Diese Freude ist ansteckend, die Kinder staunen zusammen und nehmen ihre Erfahrung in ihr Spiel mit auf.

Fantasiewesen, sie reichen von Abenteuern und Liedern bis zu Konflikten und Problemen. Durch das Spiel entsteht ein Verständnis dafür, wie alles im Leben zusammenhängt. Dadurch fördert das Spielen in der Natur das Gefühl, dass alles und jeder Platz haben kann in dieser Welt. Freies Spiel entsteht überall, es lebt vom Hier und Jetzt, weswegen die Kinder ständig miteinander verhandeln müssen, um das Spiel weiterzuentwickeln. Darin stecken enorme und wichtige Lernprozesse.

Die Reichtümer und die Vielseitigkeit der Natur, ihre Veränderbarkeit, bieten dem Spiel die Möglichkeit der ständigen Verwandlung; nie wird es statisch. Wenn wir draußen sind, können viele Kinder miteinander spielen. Es gibt mehr Platz und Luft, was zu Freigiebigkeit und Toleranz führt. Auffällig ist auch, dass die Kinder leichter Mut fassen, dass sie ihren Körper einsetzen und Spiele entwickeln, die von Ideenreichtum und Freiheitsgefühl geprägt sind.

Die Natur ist besonders wertvoll, wenn dem Kind ausreichend Zeit gegeben wird, in einen lebenden Organismus einzutauchen. So findet Lernen auf hohem Niveau statt. Leider wird oft unterschätzt, wie wichtig das freie Spiel für die persönliche Entwicklung und das Selbstverständnis ist. Kinder, die ins Spiel eintauchen und sich in ihm verlieren, die mit all den anderen Kindern in der erfundenen Welt leben, schöpferisch sind und miteineinander handeln, sind gesunde Kinder, die leicht Wissen erwerben und sich mit etwas beschäftigen können. Sie haben eine gute Grundlage für die kommenden Anforderungen in der Schule.

Die Bedeutung des freien Spiels für das kindliche Lernen

«Freies Spiel» heißt nicht, dass dem Spiel keine wesentliche Bedeutung zukommt – im Gegenteil, der Bedeutung des freien Spiels für die kindliche Entwicklung wurde bereits viel Forschung gewidmet, und man ist sich einig, dass das freie Spiel einer der wichtigsten Lernräume des Kindes ist. Die Psychotherapeutin Susan Hart, die über neuroaffektive Entwicklungspsychologie forscht, betont: «Kinder erfahren im Spiel erstmals bewusst, dass ein Unterschied zwischen ihrer inneren und der äußeren Realität besteht.» (2016 B)

Die kanadische Entwicklungspsychologin Deborah MacNamara beschreibt die Bedeutung des Spiels folgendermaßen: «Das Spiel ist der Geburtsort des Menschen – im Spiel wird das psychologische Selbst geboren. Beim Spielen geht es nicht darum, dem Kind Informationen weiterzugeben, sondern Willen, Ideen, Absichten, Ziele, Vorlieben und Wünsche im Kind zu fördern. Das Spiel macht es Kindern möglich, sich auszudrücken, auch wenn ihm noch die Worte und das Verständnis fehlen. Im Spiel schwingt das Innere des Kindes mit der Außenwelt im Einklang. Kleinkinder lernen automatisch und verspüren den Drang, ihre Umgebung und sich selbst zu verstehen. Sie müssen sich schon in ihrer frühen Kindheit entfalten, um Selbstbewusstsein zu entwickeln, das durch die Stunden entsteht, in denen sie vollständig im Spiel versunken sind.

Spiel fördert die Entwicklung des lebenstüchtigen, eigenständigen Selbst, während es nach und nach die Interessen, Sehnsüchte und Ziele eines Kindes herausbildet. Mit anderen Worten: Das Spiel entwickelt die Individualität des Kindes.» (2018)

Laut MacNamara brauchen Kinder das Spiel ...

... für ihre Entwicklung und zur Entfaltung ihres Potenzials

... um ihr wahres Selbst zu finden und auszudrücken

... um ihre Nervenbahnen im Gehirn so auszubilden, dass sie Probleme lösen können

... zum Schutz ihrer psychischen Gesundheit und ihres Wohlbefindens

... um zu individueller Kreativität und Verantwortungsbewusstsein zu finden

... um das Leben in einem Raum auszuprobieren, der noch keine Konsequenzen mit sich bringt. (MacNamara 2018)

Rudolf Steiner beschreibt die Bedeutung des Spiels mit folgenden Worten: «Das Kind will sich betätigen weil Tätigkeit in der menschlichen Natur liegt. [...] Denn beim Kind ist das *Spiel* die *ernste* Offenbarung des inneren Dranges zur Tätigkeit, in welcher der Mensch sein wahres Dasein hat. Es ist eine leichtsinnige Redensart, zu sagen: die Kinder sollen ‹spielend lernen›. Ein Pädagoge, der seine Tätigkeit darnach einrichtete, würde doch nur Menschen erziehen, denen das Leben mehr oder weniger ein Spiel ist. – Es ist aber das Ideal der Erziehungs- und Unterrichtspraxis, in dem Kinde den Sinn dafür wecken, dass es mit demselben Ernste lernt, mit dem es spielt, solange das Spielen der einzige seelische Inhalt des Lebens ist.» (Rudolf Steiner, GA 36, 1923, S. 289f.)

Das Kind ist Meister darin, im Hier und Jetzt achtsam zu leben, es be- und verarbeitet im Spielprozess Eindrücke aus früheren Erfahrungen, das heißt, das Spiel nimmt von den Erfahrungen und Eindrücken des Kindes seinen Ausgang. Im Spiel verwandelt es seine Eindrücke in Lernen. Das freie Spiel in dieser Weise ist für die Sinneseindrücke enorm wichtig; diese finden in den bewussten Lernprozess des Kindes Eingang.

Vergleichsstudien zum kindlichen Spiel in Wald- und in gewöhnlichen Kindergärten

Studien, die in zwei Arten von Kindergärten durchgeführt wurden, einem Waldkindergarten und einem gewöhnlichen Kindergarten, zeigten: Durch die schier unerschöpflichen Mengen an Naturmaterialien, die im Waldkindergarten zur Verfügung stehen, kommt unter den Kinder nie ein Streit um Spielzeug auf. Auch die Rollenspiele in der Natur sind weniger festgelegt, da genügend Raum gegeben ist, um Neues zu erfinden und etwas aus seinem Innersten zu erschaffen – alles ist möglich und erlaubt (Grahn et al. 2000).

Natur ist die beste Unterstützung für die Fantasie

In der Natur brauchen wir keine Spielgeräte, Go-Karts, Puppen, Autos usw. Sobald sich Kinder mit der Natur vertraut gemacht haben, eröffnet sich ihnen ein ganzes Meer von Möglichkeiten, um etwas zu erschaffen und sich zu bewegen. Spielsachen aus echtem Naturmaterial, vor allem solche, die sie selbst aus Ästen, Steinen und Zapfen herstellen, bieten der inneren Vorstellungskraft viel Spielraum. Der Baumstumpf wird plötzlich zum Auto, Blätter und Zapfen verwandeln sich in Dörfer und Läden. Kinder sind erfinderisch und tun sich leichter damit, ihrer Kreativität freien Lauf zu lassen, wenn ihr Spielzeug in Funktion und Aussehen weniger eingegrenzt und festgeschrieben ist, wie das bei industriell gefertigten Spielsachen oft der Fall ist.

Draußen gibt es viel zu tun: Wir können Dinge sammeln, flechten, schnitzen, graben, zeichnen, malen, Essen vorbereiten, nähen, filzen, sägen, hämmern, Höhlen bauen, Lagerfeuer machen ... Der Wald bietet endlos viele Spielmöglichkeiten und liefert kilometerweit Spielzeug, und das auch noch kostenlos. Unter den Blättern des Waldes entstehen oft die schönsten Szenerien spontan und aus der reinen Vorstellungskraft der Kinder: Bäckereien, Schneckenrennen, Hindernisparcours, Piratenschiffe und Häuser für Großfamilien. Wenn wir Erwachsenen uns nicht einmischen und die Regeln für das kindliche Spiel festlegen, kommen ganze Universen zustande, in denen die Kinder selbst ihre Rollen verteilen und gemeinsam den Spielverlauf planen. Kinder lieben es, Lebensmittelladen oder Bäckerei zu spielen; ein Baumstumpf kann dabei als Theke eingesetzt werden. Hier werden köstliche Kuchen aus Erde und Matsch gebacken, die mit Blättern und Stöckchen, Eicheln, Kastanien und Steinen geschmückt sind. In einem solchen Laden staunt man über die Auswahl an unwiderstehlichen Kuchen!

In der Natur gibt es verschiedene Räume, z.B. einen auf der Erde und einen weiter oben. *Auf* der Erde kann man springen, rennen, auf Baumstämmen balancieren, etwas erkunden. Hier findet man Dinge, die für das Spiel wichtig werden können – Kastanien verwandeln sich in Kuchen, in Geld für den Laden oder Gold für die Schatzkiste; Büsche laden zum Verstecken und Höhlen zum Erkunden ein. Doch man hat auch die Möglichkeit, sich hinaufzukämpfen, in den Raum *über* der Erde, wo man klettern, sich von Ast zu Ast hangeln und zusammenarbeiten kann, während man in den Bäumen spielt.

Etwas vorbereitend aufzubauen kann oft schon das eigentliche Ziel des Spiels sein. So schlägt ein Kind oder ein Erwachsener beispielsweise vor, eine Höhle zu bauen, und das Spiel besteht dann darin, dass die Zusammenarbeit gelingt, um das Projekt erfolgreich umzusetzen. Wer macht was, was funktioniert am besten und sind die Erwachsenen vielleicht dabei behilflich, eine Abdeckung zu organisieren? Wenn die Höhle fertig ist, dann ist sie vielleicht der Rahmen, in dem sich ein neues Spiel entwickelt, aber genauso oft wird sie wieder links liegen gelassen, weil das Aufregende eigentlich in der Konstruktion selbst lag und jetzt ein noch spektakuläreres Bauwerk errichtet werden muss. In den Kindern schlummert das natürliche Bedürfnis zu bauen. In dem Aufbau selbst zeigen sich die Kräfte ihres inneren Willens.

Kinder müssen greifen, bevor sie begreifen

Dass ich jeden Tag die Möglichkeit habe, das kindliche Spiel zu beobachten, bereichert mich enorm. Es ist unglaublich lebensbejahend, und diese Offenheit und Ehrlichkeit, die sich im Spiel zum Ausdruck bringt, sagt viel darüber aus, wo sich das Kind in seiner Entwicklung befindet und wie die Umgebung sein Spiel beeinflusst. Im Wald erlebe ich, dass die Kinder die Natur ganz instinktiv ins Spiel integrieren: Insekten, Blätter, Blüten, Stöcke, Holz, Schlamm und Sand lassen die Kinder einfallsreich werden. Sie lassen sich von ihren Funden begeistern und setzen die Elemente auf kreativste Art und Weise ein. Kinder sind kleine Forscher, die die Welt begreifen, indem sie sie ergreifen, untersuchen, berühren und spüren. Auf diese Weise verstehen sie die Welt und integrieren Begriffe in ihr Verständnis ihrer Umwelt. Ich beobachte viel Konzentration und Bewegung bei Kindern, die sich in der Natur aufhalten. Konzentriertes Eintauchen ist gesund, und im pädagogischen Zusammenhang kann man es auch als Flow bezeichnen, in den die Kinder vertieft sind. Bei diesem Eintauchen geht es darum, einen Prozess zu erforschen und sich in ihm zu verlieren, sodass ein Nährboden für Kreativität entsteht.

Das risikoreiche Spiel

Es ist wichtig, dass sich die Kinder in der Natur selbstständig entfalten und sie frei erkunden können, weswegen es auch erlaubt sein muss, «gewaltsamer» oder wilder zu spielen. Sie müssen sich auch aufeinander stürzen und ihre Grenzen austesten können. Wenn Kinder miteinander ringen, ist das Wichtigste, dass es kein ungleicher Kampf ist, dass es Fair Play gibt. Entsteht ein Konflikt, brauchen Kinder möglicherweise Hilfe, um zu verstehen, was passiert ist; dann müssen die Erwachsenen sie bei diesem Prozess unterstützen. Wildes Spiel muss nicht notwendigerweise von Aggression, Gewalt oder etwas Negativem geprägt sein – doch natürlich kann auch das auftreten, und dann liegt es in der Verantwortung der Erwachsenen, einzugreifen und Grenzen zu setzen.

Waldkindergärten sind in mancherlei Hinsicht das Paradebeispiel für Vertrauen. Wenn kein Zaun da ist, müssen wir mehr Vertrauen in die Kinder entwickeln, und auch die Eltern müssen das Vertrauen haben, dass aufmerksame Erwachsene ihre Sprösslinge betreuen. Es ist wichtig, dass die Erwachsenen den kleinen Kindern die unsichtbaren Grenzen aufzeigen: Wie weit darf man gehen? Gleichzeitig leben es die Größten in der Kindergruppe immer stolz vor und erklären, wo die Grenzen liegen. Die Kleinen haben den natürlichen Wunsch, den Erwachsenen nahe zu sein, während die Großen es genießen, sich ein wenig verstecken zu können und nicht unter ständiger Beobachtung zu stehen. Im Wald lernen

die Kinder Schritt für Schritt, Risiko und Konsequenzen einzuschätzen. Hüpft man in eine Pfütze, wird man nass. Schneidet man sich mit einem Messer, tut es weh und blutet vielleicht sogar. Fällt man hin, kann man sich verletzen und blaue Flecken bekommen. Durch all das lernen die Kinder, das Risiko zu bewerten und sich selbst, die eigenen Fähigkeiten, in einer bestimmten Situation einzuschätzen.

Mit Kindern draußen im freien Spiel zu arbeiten erfordert Vertrauen in ihre Fähigkeiten. Wir Erwachsenen dürfen selbst keine Sorge zeigen, wenn das Kind auf einen Baum klettert, sondern sollten Zutrauen und Zuversicht ausstrahlen und es dabei unterstützen, die eigenen Grenzen zu spüren; es soll selbst herausfinden, wann es ihm zu hoch ist und es sich nicht mehr sicher fühlt. Unsere Ängste vor Dingen in der Natur, vor Spinnen, Zecken und anderen Krabbeltieren, beeinflussen das Kind, deshalb ist es wichtig, dass wir es schaffen, die Angst loszulassen, oder zumindest vermeiden, dass sie vor dem Kind zum Ausdruck kommt.

Alle Kinder sind anders; manche sind vorsichtiger, andere schwingen sich in schwindelerregenden Höhen von Ast zu Ast. Beides ist in Ordnung, und es ist enorm wichtig, dass man jedes einzelne Kind selbst an seine Grenzen stoßen lässt. Man darf ihm daher nicht auf einen Baum helfen, wenn es das nicht schon allein kann. Sind seine motorischen Fähigkeiten und Muskeln ausreichend entwickelt, wird es ohne Hilfe hinaufklettern und oben auch das Gleichgewicht halten können. Das Gleiche gilt für einen Spielplatz mit Rutschen, Schaukeln und Klettergerüsten. Fängt man an, sich einzumischen und zu helfen, besteht die Gefahr, dass das Kind von der Unterstützung der Erwachsenen abhängig wird. Gleichzeitig verliert es das Gefühl für seinen Körper, das ihm sagt, wie weit es mit den eigenen Kräften kommt. Kleinkinder unter drei Jahren erkunden alles, was auf dem Boden passiert. Ihr Spiel findet oft im Sandkasten statt, und wenn sie zwei bis drei Jahre alt sind, beginnen sie möglicherweise auf die untersten Äste der Bäume zu klettern. Die Drei- bis Sechsjährigen fordern ihre Kraft und ihren Gleichgewichtssinn dadurch heraus, dass sie immer höher hinaufklettern.

Wenn wir Kindern beim Klettern nicht helfen, lernen sie ihre Grenzen kennen und steigen selten höher, als sie aus eigener Kraft wieder herunterkommen können. Sie kennen den Weg nach unten, weil sie ihn auch nach oben geklettert sind. Erwachsene dürfen die Motivation der Kinder, ihre Grenzen auszuloten und ihre Fähigkeiten zu entwickeln, nicht bremsen. Andererseits liegt es in der Verantwortung der Pädagogen, dass die Bedingungen beim Klettern so sicher wie möglich sind: Sind die Äste nass und dadurch glatt? Trägt das Kind das richtige Schuhwerk und vernünftige Kleidung, damit es nicht mit einem Schnürsenkel, dem Schal oder einem anderen Kleidungsstück hängen bleibt? Deshalb gelten bei uns spezielle Regeln für die Außenkleidung, damit diese die Bewegungsfreiheit der Kinder, einschließlich den Klettermöglichkeiten, nicht beeinträchtigt oder ein Sicherheitsrisiko darstellt (s. auch S. 152f.).

Die meisten Kinder in unserem Kindergarten *lieben* es, auf Bäume zu klettern – und werden im Laufe ihrer Kindergartenzeit richtig gut darin. Hat man als Mutter oder Vater sein Kind gerade neu in einen Waldkindergarten gegeben, kann man leicht nervös werden, wenn man sieht, wie das eigene Kind einen Baum hochklettert. Aber wir können den Eltern versichern, dass es in den achtzehn Jahren seit der Gründung von Bonsai keine ernsthaften Stürze gab. In dieser ganzen Zeit erlebten wir einen einzigen Armbruch, der bei einem Fall von einem halben Meter Höhe passierte, was die meisten nicht gerade als gefährlich einschätzen würden. Es gibt auch Kinder, die absolut keine Lust verspüren, auf Bäume zu klettern. Sie genießen die Zeit unter den Bäumen und beschäftigen sich mit anderen Spielen, bei denen sie ihre individuellen motorischen Fähigkeiten trainieren.

Wildes Spiel mit Stöcken – wann Erwachsene eingreifen müssen

Es ist klar, dass man in der Natur mit Stöcken spielt. Doch kann es vorkommen, dass die Kinder die Stöcke nicht angemessen einsetzen, mit ihnen laufen, sie werfen, zum Schlagen benutzen usw. Dann kann es notwendig werden, dass die Erwachsenen das Spiel steuern. Tauchen über einen längeren Zeitraum ungesunde Spielmuster auf, etwa mit dominantem, aggressivem Verhalten, liegt es in der Verantwortung der Erzieherinnen, nachzufragen und nachzuforschen: Woher kommt dieses Verhalten und wie zügeln wir es? Solche Themen sollten in Absprache mit Kolleginnen, Kollegen und Eltern behandelt werden. Darin liegt die eigentliche pädagogische Verantwortung: das Unausgeglichene in etwas Konstruktives zu verwandeln und sicherzustellen, dass das Spiel in einer gesunden, sicheren Umgebung stattfindet.

Bei übermäßigem Spiel mit Stöcken führen wir zeitweise einige Einschränkungen und Gebote ein, beispielsweise dass der Stock nicht länger sein darf als der Unterarm des Kindes und mit Stöcken in den Händen nicht gelaufen werden darf. Die Erwachsenen können unangemessenes Spiel in konstruktives Spiel umlenken, indem sie zum Beispiel eine Angelrute (mit Schnur am Stock) oder eine Knotentasche (mit Stoffresten am Stiel) basteln, ein Dorf aus kleinen Stöcken oder eine Straße aus großen Stöcken bauen lassen, durch die die Kinder laufen oder gehen können. Man kann auch eine Marienkäferfarm oder ein Insektenhotel bauen. Ein Stock lässt sich auch als Sense zum Mähen von Brennnesseln verwenden, als improvisierter Webstuhl für andere Naturmaterialien, als Zielmarkierung beim Weitwerfen, als Limbostange, als Sprungmarkierung oder für ein kleines Schlagzeugorchester mit selbst gemachten Instrumenten.

Forschung zu risikoreichem Spiel

Verglichen mit vielen anderen Teilen der Welt gibt es in der skandinavischen Kultur ein hohes Maß an Toleranz, was risikoreiches und freies Spiel in der Natur betrifft. Aber die ersten Anzeichen, dass dies bald Geschichte sein wird, zeigen sich bereits. Wir leben immer geschützter und lassen ein weit größeres Ausmaß an Überwachung zu als je zuvor – und das, obwohl wir noch nie in einer so sicheren Gesellschaft wie heute gelebt haben. Vielleicht glauben wir, dass Überwachung die Welt sicherer macht? Doch Untersuchungen zeigen, dass dies bei Kindern nicht der Fall ist. Im Gegenteil: Kinder brauchen Freiräume und dürfen nicht ständig von Erwachsenen überwacht werden.

Laut Ellen Beate Sandseter, Professorin am pädagogischen Seminar in Trondheim (Norwegen), die zum Thema Risikobereitschaft bei Kindern forscht, erleben Kinder im riskanten Spiel zugleich angenehme und unangenehme Gefühle, Spannungen und Angst. Aufregung und Risiko sind ein natürlicher Teil des kindlichen Spielens, der Art, wie das Kind sich selbst und seine Umgebung erforscht. Risikoreiches Spiel wird selten von Erwachsenen initiiert, es kommt fast ausschließlich im freien Spiel vor – das unterstreicht das Bedürfnis der Kinder, ohne Aufsicht und Einmischung eines Erwachsenen frei zu spielen (Sandseter 2015). Basierend auf ihren Studien stellt Sandseter eine Reihe positiver Auswirkungen des riskanten Spiels fest:

- Riskantes kindliches Spiel wirkt antiphobisch, während übermäßiges Beschützen zu ängstlichen Kindern führt. Während des Spiels nähern sich die Kinder schrittweise dem Gefürchteten an und lernen allmählich, es in den sicheren Grenzen des Spiels anzunehmen (Aldis 1975 in Sandseter 2015). Auf diese Weise verarbeitet das risikoreiche Spiel angeborene Formen der Angst.
- Das Verhalten von «Helikoptereltern» (Eltern, die ihre Kinder pausenlos überwachen) führt bei ihren Kindern zu geringerem Wohlbefinden und Selbstvertrauen, es löst vermehrt Unsicherheit und öfter auch Sucht, Angst und Depression aus. Kinder, die Herausforderungen begegnen dürfen, bauen mehr Selbstvertrauen, Mut und ein ausgeprägteres Selbstwirksamkeitsgefühl auf. Herausforderungen stärken die Kreativität im Kind und machen es resilienter (widerstandsfähiger gegenüber psychischen Krisen). Kinder, die vor angemessenen Herausforderungen stehen, entwickeln mentale Belastbarkeit – die elementar wichtig ist, damit sie in der Zukunft größere Risiken meistern können.
- Riskantes Spiel geht oft mit körperlicher Aktivität einher und fördert so die Entwicklung von Muskelkraft, von Koordination und Gleichgewicht, von Beweglichkeit und Reaktionsvermögen. Ebenso werden Wahrnehmungsfähigkeit, das räumliche

Denken, Verständnis für Objekte, Tiefe, Größe, eigene Körperhaltung und Bewegung gestärkt.

- Körperlich aktive Kinder verletzen sich seltener als Kinder mit schlechten motorischen Fähigkeiten.
- Riskantes Spiel fördert die sozialen Kompetenzen des Kindes, da es öfter zu Zusammenarbeit, Interaktion und Problemlösung sowie zum Erkunden unterschiedlicher Rollen und Machtverhältnisse einlädt.
- Die Natur bietet dem Kind vielfältige Herausforderungen, beispielsweise in Bezug auf motorische Fähigkeiten, Risikoeinschätzung und Spannungsregulierung, sie schenkt ihm zugleich intensive, aufregende Erlebnisse. Eine naturnahe Umgebung bietet die Möglichkeit, die Herausforderungen je nach Alter, Größe, Können und Interessen anzupassen. Kinder langweilen sich in einer natürlichen Spielumgebung im Wald seltener als auf einem konventionellen Spielplatz (Fjørtoft 2000 in Sandseter 2015).
- Die Erwachsenen spielen mit ihrer Toleranz gegenüber risikoreichem Spiel eine entscheidende Rolle.

Gemeinschaft und Sozialleben

Wir erleben, dass Kinder drinnen wie draußen gerne Teil einer harmonischen Gruppendynamik sind. Menschen werden als soziale Wesen geboren, sie lernen, indem sie mit anderen Menschen zusammen sind, und wollen Teil eines interagierenden Kontextes, einer Gruppe sein. Wächst das Kind in einer Gemeinschaft auf, kann es die Vielfalt anderer Kinder erleben und die Herangehensweisen und Handlungen der Erwachsenen kennenlernen. Das Zusammensein ermöglicht außerdem, dass es als Individuum in einer Gemeinschaft mit anderen Individuen gesehen wird. Es kann es selbst sein und sich gleichzeitig in einer Gemeinschaft mit anderen entwickeln, durch gute wie durch weniger gute Handlungen. Für eine Gemeinschaft ist der Wald eine ideale Umgebung, denn in der Natur gibt es reichlich Platz – gute Bedingungen also, dass die vielfältigen und unterschiedlichen Bedürfnisse der Gruppe hier zu ihrem Recht kommen.

Vieles weist darauf hin, dass Kinder sich im Wald generell wohlfühlen. Sie spielen fantasievoll, und es gibt kaum Streit. Bilden sich Konflikte, können die Kinder sie oft selbst lösen; es versteht sich, dass bei hartnäckigen Auseinandersetzungen Erwachsene eingreifen. Bis zu einem gewissen Grad ist es ganz natürlich und notwendig, dass zwischen Kindern Konflikte entstehen. Wir erleben jedoch, dass draußen nicht so viele Streitereien wie drinnen aufkommen. Im Freien gibt es weniger physische Grenzen und mehr Platz, um sich zu bewegen. Man kann auch mal lauter sein, ohne dass andere das gleich als Lärm empfinden. Daher kommen weniger Konflikte infolge von Stress oder Anspannung auf. Die Kinder erleben die Natur als einen Freiheitsraum, weil sie selbst die Möglichkeit haben, den Rahmen für ihr Spiel zu wählen, ohne dass sich die Erwachsenen viel einmischen. Draußen beeinflussen Konflikte nicht unbedingt die ganze Kindergruppe, wie es drinnen oft der Fall ist. Wenn wir unter einem weiten Himmel sind und viel Platz für uns haben, ist es leichter, die Streitatmosphäre einzugrenzen und dafür zu sorgen, dass sie nicht von den direkt Beteiligten auf die gesamte Gruppe übergeht. Nach meiner Beobachtung erleben die Kinder, dass sie draußen mehr Raum für sich haben und sich leichter aus einer Situation zurückziehen oder die Szene verlassen können, wenn es ihnen zu laut ist. Sie fühlen sich weniger unter Druck gesetzt, während in einem engen Raum eine bestimmte Atmosphäre leicht alles beherrscht.

Es wird Situationen geben, in denen Erzieherinnen Grenzen setzen oder das Verhalten eines Kindes korrigieren müssen, etwa wenn Kinder mit Gegenständen werfen oder wild mit Stöcken fechten. Dann schimpfen wir nicht einfach mit ihnen, sondern kommunizieren klar und geben ihnen zu verstehen, welches Verhalten wir uns wünschen. Wir sagen beispielsweise: «Dieser Stock ist wohl etwas zu lang. Komm zu mir, ich helfe dir, ihn auf eine bessere Länge zu kürzen.» Wir bieten dem Kind Alternativen und Handlungsoptionen an, indem wir ihm helfen, aus der Situation herauszufinden und auf andere Ideen zu kommen. Hier unterstützt uns die Natur auf mehreren Ebenen; sie schafft Alternativen und lenkt ab. Zeigt ein Kind aggressives Verhalten, kann dies auch darauf hindeuten, dass es den Kontakt zu einem Erwachsenen braucht. Gibt man ihm die Gelegenheit, nahe bei einer erwachsenen Person zu sein, hilft es ihm manchmal, zu sich selbst zu kommen und sich zu beruhigen. Diese Nähe soll keine Bestrafung, sondern eine Einladung zu gemütlicher Zweisamkeit sein.

Kinder erleben die unterschiedlichen Charaktere in der Gruppe als ganz normal, und es liegt an uns Erwachsenen, deutlich zu machen, dass alle Menschen gleich wertvoll sind. Jedes einzelne Kind hat das Recht, so zu sein, wie es ist. In der Natur finden wir viel Platz, und nach unserer Erfahrung schafft das mehr Raum für Vielfalt und Individualität in der Gemeinschaft der Gruppe. Wenn ein Kind Zeit für sich benötigt, kann es sich zurückziehen und ein wenig allein spielen, bis es wieder das Bedürfnis hat, mit den anderen zu spielen. Wenn es müde ist, können wir Erwachsenen ihm einen ruhigen Ort suchen. Generell gibt es, wenn wir draußen in der Natur sind, mehr Raum für individuelle, emotionale Prozesse, und die Gemeinschaft kann verschiedene Bedürfnisse leichter akzeptieren.

Etwas zusammen zu unternehmen schafft ein Gefühl von Zusammengehörigkeit. Wir haben im Laufe eines Tages viele verschiedene Aktivitäten, zu denen wir uns versammeln. Hier kann für jedes einzelne Kind eine Entwicklung stattfinden, die durch die Erwachsenen und die anderen Kinder angeregt wird. Der Lern- und Entwicklungsprozess geht bei jedem Kind unterschiedlich schnell vonstatten. Einige Kinder warten bereits sehnsüchtig auf den Morgenkreis und lieben es, früh schon eine aktive Rolle einzunehmen, andere sind schüchtern und müssen erst motiviert werden. Manche Kinder können sich sehr lang und mit größter Begeisterung ins Malen vertiefen, während andere schnell fertig sind und sich schwer damit tun, Farben und Motive aufs Papier zu bringen. Einige schnitzen gern mit Ausdauer und Fleiß, andere dagegen haben Mühe, die Technik umzusetzen. Einige Kinder können zwei bis drei Portionen verdrücken, oder sie probieren gern auch das, was sie noch nicht kennen, während andere eher zurückhaltend sind. Manche sind mucksmäuschenstill, wenn sie einem Märchen lauschen, andere haben Hummeln im Hintern und werden schnell unruhig.

Die Kinder sollen spüren, dass wir Erwachsenen die Tätigkeiten, die wir begonnen haben, engagiert und hingebungsvoll ausführen; dass wir malen, weil wir uns für die Farben begeistern, und nicht, weil es uns ums Ergebnis geht; dass wir mit Freude singen und es uns nichts ausmacht, wenn ein Ton nicht ganz rein ist – und, ganz wichtig, dass wir das Zusammensein genießen. In der Gemeinschaft bekommt jedes einzelne Kind viele Anregungen und viel Unterstützung für seine individuelle Entwicklung, seinen Lernprozess. Durch das Spiel verarbeitet es all diese Eindrücke, und die Begegnung mit anderen trägt dazu bei, dass es sich selbst und die Welt verstehen lernt.

Die Speisekammer der Natur

Haben Kinder die Gelegenheit, die Natur zu schmecken? Im Kindergarten Bonsai schmecken wir die Natur und integrieren ihre Früchte in unser Kochen. Wir halten gerne an, naschen am Waldrand Brombeeren und probieren Sauerklee. Die Erwachsenen artikulieren klar, was gegessen werden darf und was nicht, und die Kinder verstehen das schnell. Wir bringen ihnen bei, uns zu zeigen, was sie gefunden haben, und uns zu fragen, bevor sie etwas Neues probieren. Wir Erwachsenen können lernen, was in der Natur essbar ist und was nicht; es obliegt unserer Verantwortung, zu wissen, was nicht bekömmlich oder giftig ist, und dafür zu sorgen, dass dies außerhalb der Reichweite der Kinder bleibt. Es ist für die Kinder sehr wichtig, die Gaben der Natur schmecken zu dürfen. Auf diese Weise kommt ein weiterer Sinn – der Geschmackssinn – ins Spiel, mit dem wir eine Beziehung zur Natur aufbauen.

Essbare Kräuter, Pflanzen und Beeren in unserer Umgebung:

- (Wald-)Sauerklee
- Buchenkeimlinge
- Giersch
- Brennnessel
- frische Spitzen von Tannenzweigen
- Schnittlauch
- Blumenkresse
- Gänseblümchen
- Löwenzahn
- Holunder (Achtung: nur Blüten und reife Beeren!)
- Haselnüsse
- Eicheln
- Bucheckern
- Himbeeren
- Brombeeren
- Pflaumen
- Mirabellen

Einige Kinder, besonders die Kleinen in der Krippe, probieren mit größtem Interesse alles: Sand, Erde und sogar Insekten. Sie erkunden die Welt, indem sie sie erfahren – sie schmecken, essen, drücken die Dinge oder riechen an ihnen, bis sie alles über sie wissen. Das ist eine natürliche Phase ihrer Entwicklung, und sie halten auch viel aus. Sie lernen dadurch nicht nur, wie die Welt schmeckt – ein positiver Nebeneffekt ist auch, dass sie auf diese Weise ihr Immunsystem stärken.

Die Erwachsenen, die die Kinder in der Natur betreuen

Wir müssen auch betrachten, welche Rolle die Erwachsenen draußen spielen. Der Aufenthalt im Freien legt die Rahmenbedingungen fest. Er verlangt ein pädagogisches Bewusstsein davon, wie eine inspirierende und sichere Umgebung für die Kinder geschaffen werden kann. Damit ein Kind gesund, frei und fantasievoll spielen kann, ist die tägliche Präsenz eines Erwachsenen erforderlich; es muss sich auf dessen Fürsorge und Aufmerksamkeit verlassen können. Die Erwachsenen müssen daher für einen Rhythmus sorgen, der ermöglicht, dass die Kinder sich regelmäßig an sie wenden können, und dabei auch gesehen werden.

Mehrmals täglich rufen wir die Gruppe zu einer Aktivität zusammen, die von einem Erwachsenen geführt wird, und schaffen eine Gemeinschaft, in der jedem einzelnen Kind Aufmerksamkeit zuteil wird. In diesen Situationen kann einem auffallen, dass ein Kind individuell unterstützt werden sollte – weil es nicht im Gleichgewicht ist, zu wild spielt, gelangweilt ist, Aufmerksamkeit sucht oder fröstelt, obwohl es warm eingepackt ist. Dann muss man Verantwortung dafür übernehmen, dass sich das Kind durch die Nähe zum Erwachsenen erholen kann, indem es neben ihm sitzen darf, und sich gesehen und gehört fühlt. Bei uns wechseln sich Momente des freien Spiels mit Aktivitäten ab, die von Erwachsenen initiiert werden, und den ganzen Tag hindurch achten wir auf einen Rhythmus, in dem sich «Einatmen» und «Ausatmen» abwechseln (siehe S. 112ff.)

Entscheidend ist auch, dass wir in unseren Tätigkeiten, die die Kinder sehen und nachahmen können, bei der Sache sind. Wir können uns mit sinnvollen Arbeiten beschäftigen: fegen, gießen, aufräumen, Tische und Bänke abwischen, im Garten arbeiten ... Wenn Kinder erleben, dass Erwachsene mit sinnhafter Arbeit zugange sind, wirkt dies auch auf sie inspirierend; vielleicht wollen sie dann ebenfalls mitarbeiten, oder die Tätigkeit wird zu einer Inspiration für ihr Spiel. Sie spüren die Präsenz, die mit dieser ruhigen, friedlichen Arbeit verbunden ist, und tauchen so tiefer in ein gutes Spiel ein. Sind die Erwachsenen ruhig und zufrieden, überträgt sich dieses Gefühl auf die Kinder. Damit ist natürlich keine Ruhe gemeint, die auf Kosten der unmittelbaren Begegnung mit dem Kind geht. Eine gute Stimmung ist immer am wichtigsten, und es liegt in unserer Verantwortung, eine solche positive Atmosphäre zu schaffen, damit alle in der Gruppe sich sicher und entspannt fühlen können. Die Erwachsenen müssen eindeutige Abmachungen untereinander treffen, wer was in die Hand nimmt und wofür verantwortlich ist. Dies ist unabdingbar dafür, dass sie den Überblick über die Kindergruppe behalten. Außerdem gestaltet es die Zusammenarbeit einfacher und ruhiger, wenn es klare, einheitliche Richtlinien dafür gibt, wie sich Erwachsene in einer bestimmten Situation verhalten sollen. Man muss sich aufeinander und auf die vereinbarten Regeln verlassen können.

In einer Kindergruppe Ruhe stiften

In einer Kindergartengruppe ist es für den gemeinsamen Alltag sehr wichtig, für die notwendige Ruhe und Zufriedenheit zu sorgen, in der aber auch Begeisterung mitschwingt. Vor einer Mahlzeit kann ein kleines Lied, eine Geschichte oder ein Fingerspiel Ruhe schaffen. Eine leise Erwachsenenstimme vermag den notwendigen Übergang von lebhaften Kinderstimmen zu gemeinsamer Ruhe zu fördern, damit alle gespannt zuhören und teilnehmen können. Bittet ein Erwachsener um Ruhe und verbreitet sich dadurch in der Gemeinschaft eine angenehme Atmosphäre, ist das für die Kinder mit einer positiven Lernerfahrung verbunden. Teil einer Gemeinschaft zu sein bedeutet auch, eine Kultur zu pflegen, in der wir singen oder leise sind, bevor wir ein Märchen anhören.

Wenn wir Erwachsenen die Gruppe ausdrücklich um Ruhe bitten, hat das selten den gewünschten Effekt; tatsächlich endet es oft genau im Gegenteil. Zieht jedoch eine gut hörbare, angenehme Stimme die Aufmerksamkeit der Kinder auf sich («Hört ihr diesen Vogel? Hört, wie er singt! Hört nur, hört!»), dann verändert sich die Situation und die Kinder richten ihre Aufmerksamkeit auf uns. Kinder wollen teilnehmen, was ihnen leichter fällt, wenn wir unsere Handlungen und Worte mit Sinneserfahrungen verbinden. Für uns Erwachsene bedeutet dies, dass wir uns unseres eigenen Körpers bewusst sind und ihn als pädagogisches Instrument einsetzen. Das bringt uns näher an die

Erfahrungswelt der Kinder heran und bietet uns die Möglichkeit, aktiver mit ihnen zusammenzuarbeiten. Wir sollten uns klarmachen, dass der Prozess wichtiger als das Ziel ist – denn genau in diesem Prozess liegt viel pädagogisches Potenzial. Hierbei spielen die Übergänge eine bedeutsame Rolle; wir wecken das Interesse der Kinder und nehmen sie mit. Erziehung ist eine Kunst, und die Natur stellt ein gutes Hilfsmittel dar, um die Aufmerksamkeit der Kinder einzufangen.

Raum, Sicherheit und Überblick in der Natur schaffen

Damit das Kind sicher und frei spielen kann, müssen im Natur- oder Waldkindergarten viele Dinge geregelt sein. Es muss sichergestellt sein, dass den Grundbedürfnissen Rechnung getragen wird: dass man auf die Toilette gehen kann, Mahlzeiten bekommt, sich aufwärmen kann oder bei einem Erwachsenen Geborgenheit findet. Es ist wichtig, dass wir Erwachsenen einen Stützpunkt festlegen, damit die Kinder immer wissen, wo sie uns finden. Dort können sie um Hilfe bitten, ein Pflaster bekommen, wenn sie sich die Haut aufgeschürft haben, getröstet und umarmt werden, Unterstützung erhalten, wenn ein Konflikt gelöst werden muss, oder einfach nur auf einem Schaffell sitzen und die Nähe einer Bezugsperson genießen. Vielleicht bekommen sie dort auch eine Geschichte erzählt, damit sie Kräfte sammeln und dann wieder ins Spiel eintauchen können. Wir haben es so eingerichtet, dass die Erwachsenen abwechselnd an diesem Stützpunkt bleiben und durch ihre bloße Anwesenheit einen Ruhepunkt schaffen. Manche beschäftigen sich mit einer Handarbeit, schnitzen, stricken, schälen Möhren oder arbeiten an einer Dekoration für den Jahreszeitentisch.

Es bietet Sicherheit, klare, aber einfache Regeln zu haben – etwa, dass die Kinder herbeikommen, wenn Erwachsene rufen oder singen. Man kann kleine Fahnen verwenden, um den Radius zu markieren, in dem sich die Kinder frei bewegen können; wir nennen sie Grenzflaggen. Die Kinder helfen den Erwachsenen jedes Mal freudig beim Aufstellen, wenn wir ein neues Gebiet besuchen, und auch beim Einsammeln am Ende des Tages.

Arbeitet man in der Natur, ist es erforderlich, dass man mit der Gegend vertraut ist, in der man sich mit den Kindern befindet, und die örtlichen Gegebenheiten kennt. Denn man muss sich selbst in der Umgebung sicher fühlen, bevor man auch den Kindern Sicherheit geben kann. Es bietet sich an, für jeden Wochentag einen festen Ort zu haben; dann gibt es innerhalb einer Woche genügend Abwechslung, während man an denselben Wochentagen immer wieder denselben Platz besucht, Woche für Woche; das schafft Sicherheit. Würden wir jeden Tag im selben Gebiet verbringen, würde sich schnell Langeweile einstellen und die örtlichen Möglichkeiten würden sich erschöpfen. Wir bleiben für eine gewisse Zeit an einem Ort, der uns Schutz und Schatten bietet. Mit einer Plane oder einem Stück Stoff, den wir zwischen zwei Baum-

stämmen aufspannen, schaffen wir einen sicheren Standort, der es den Kindern erlaubt, sich zurückzuziehen. Ist es windig und wir halten uns im Freien auf, wo der Wind wirklich heftig sein kann, werden die Kinder auch selbst innerlich vom Wind mitgerissen. Sie werden wild und verlieren ihren Halt – was in Ordnung ist, solange das auch gewollt ist, etwa wenn wir Drachen steigen lassen. Ziehen wir uns dagegen in den Wald zurück, wo wir Schutz vor dem Wind finden, können wir die Kinder eher beschützen und ihnen mehr Ruhe ermöglichen.

Wie wir aus Erfahrung wissen, können wir nicht davon ausgehen, dass alle Erzieherinnen und Erzieher einen unmittelbaren Zugang zur Natur haben. Bereits seit mehreren Generationen wachsen wir mehr und mehr in urbaner Umgebung auf, wo der Wald nicht automatisch zum Stadtbild gehört, sondern aktiv aufgesucht werden muss. Daher ist es wichtig, dass die Erwachsenen, die mit Kindern arbeiten, sich selbst in der Natur sicher und heimisch fühlen, damit sie den Kindern gute Vorbilder zur Nachahmung sein können. Sind sie selbst unsicher oder erleben den Alltag im Freien als unbequem, überträgt sich dies leicht auf die Kinder. Es ist nicht selbstverständlich, dass ein Erwachsener weiß, wie er sich in der Natur als gutes Vorbild verhalten soll; dass er seine Antipathien und Ängste zurückhalten muss, damit die Kinder den Raum für eigene Erfahrungen bekommen und beispielsweise unvoreingenommen und neugierig die Natur betrachten können. Unser Zugang zur Natur trägt viel dazu bei, welche Beziehung die Kinder künftig zu ihr entwickeln. Freude und Begeisterung sollen uns anzumerken sein, auch wenn es kalt ist oder regnet. Man muss im Augenblick leben und darf sich nicht von den eigenen Bedürfnissen und Befindlichkeiten bestimmen lassen. Man braucht eine kreative und positive Einstellung, um auch bei herausforderndem Wetter Freude zu vermitteln.

Kindern tut Bewegung gut. Sie macht sie froh und schafft Wärme – geben wir uns also einen Ruck und gehen raus! Es könnte ein zusätzlicher Anreiz sein, wenn wir schließlich ein Lagerfeuer machen und uns dort heißen Tee kochen oder eine Suppe zubereiten, die wir dann gemeinsam genießen. Dadurch lernen die Kinder: Auch wenn die Natur manchmal rau ist, haben wir dennoch die Möglichkeit, nach draußen zu gehen. Das gibt uns Widerstandskräfte, schafft Hoffnung und Mut.

Neue Kinder im Waldkindergarten

Wir machen die Erfahrung, dass es für manche Kinder eine Herausforderung ist, sich in einem Waldkindergarten einzugewöhnen oder in einem Kindergarten, wo vieles draußen stattfindet, wirklich anzukommen. Damit die Kinder ein optimales freies Spiel entwickeln können, ist es unabdingbar, dass wir ihnen Zeit geben, anzukommen und mit der neuen Umgebung vertraut zu werden. Zunächst und in erster Linie ist es wichtig, dass das Kind zu einem der Erwachsenen eine Beziehung aufbaut – dafür ist immer der Erwachsene verantwortlich. Hilfreich ist hierbei, dem Kind nahe zu sein, es in die Aktivitäten des Tages einzubeziehen, es beim Essen oder Werken neben sich sitzen zu lassen und es auch im Blick zu haben, wenn es ins freie Spiel vertieft ist.

Wenn sich ein Kind mit der Eingewöhnung im Kindergarten schwertut, ist es wichtig, draußen einen Ort der Geborgenheit zu schaffen, an dem es sich sicher fühlt. Man kann beispielsweise zusammen auf einer Decke sitzen, sich gegen einen Baum lehnen oder die Gelegenheit für eine Aktivität schaffen, etwa Brote zu schmieren oder zu schnitzen, während die Erzieherin singt und das Gefühl ausstrahlt, dass es vollkommen in Ordnung ist, wenn man unglücklich ist, und der Erwachsene da ist, tröstet und sich um das Kind kümmert. Oder man nimmt ein paar Spielsachen in den Wald mit, etwa Umhänge, Puppen und einige Küchenutensilien – Gegenstände, die die Kinder wiedererkennen und das Spiel der Kleinsten bereichern, die es noch nicht gewohnt sind, draußen im Wald zu sein. Alles, was sicher und vertraut erscheint, hilft ihnen, sich anzupassen und sich in das neue Umfeld einzuleben. Sie legen das Spielzeug schnell zur Seite, wenn sie erleben, wie die älteren Kinder Naturmaterialien für ihre Spiele benutzen. Das verlangt Geduld vom Erwachsenen; er muss mit Klarheit und mit seiner Anwesenheit den Weg weisen und seine eigene Begeisterung für die Natur zeigen, indem er Freude für alles, was er tut, ausstrahlt. So kann das Kind ankommen und sich draußen wohlfühlen, denn es nimmt wahr, dass es das Natürlichste der Welt ist, im Freien zu sein.

Für diesen Prozess ist zudem ein vertrauensvoller Austausch mit den Eltern erforderlich. Wir müssen den Dialog mit ihnen suchen und mit ihnen über die Eingewöhnung ihres Kindes sprechen. Das Kind ist darauf angewiesen, dass es die nötige Ruhe hat, um sich in der Übergangsphase an die neuen Umstände zu gewöhnen. Daher braucht es besonders in dieser Zeit Eltern, die den Erzieherinnen vertrauen und sich ihrerseits darum bemühen, dass es ein ausgeglichenes Umfeld hat, wenn es vom Kindergarten nach Hause kommt.

Erfahrungen und Aufgaben der Eltern

Viele Eltern wünschen sich einen Kindergarten, der ihrem Kind reichhaltige Erlebnisse in der Natur ermöglicht. Schließlich ist mittlerweile bekannt und durch Forschungen belegt, dass sich ein langer Aufenthalt im Freien förderlich auf die gesundheitliche Entwicklung der Kinder auswirkt. Vielleicht haben die Eltern aber auch nur ein gutes Gefühl, wenn sie wissen, dass ihr Kind viel frische Luft bekommt und die Möglichkeit hat, in der Natur zu spielen. Die wenigsten Mütter und Väter freuen sich darüber, wenn es wie eine verwelkte Zimmerpflanze zu Hause hockt; die meisten wollen es mit roten Wangen und schlammigen Matschhosen wieder nach Hause bringen, die ihnen verraten, dass ihr Kind während des Tages aktiv war, viel Bewegung und gesunde

Herausforderungen hatte. Nur wenige Eltern sind reservierter gegenüber den Freiluftaktivitäten im Wald oder an einem anderen naturbelassenen Ort und sorgen sich, dass sich ihr Kind dabei verletzen könnte.

Im Anhang (S. 187ff.) finden Sie einige Aussagen von Eltern, warum sie für ihr Kind einen Waldkindergarten ausgesucht haben – eine repräsentative Stimme führen wir aber hier schon an:

> «Es ist fantastisch zu wissen, dass die Kinder fast den ganzen Tag an der frischen Luft waren. Wir müssen kein schlechtes Gewissen haben, wenn wir am Nachmittag als Familie wieder zusammenkommen und nur drinnen sind, kochen und essen und gemütlich zusammensitzen.»

Es erfordert Vertrauen, das eigene Kind in die Obhut von Erwachsenen zu geben, die in einem Kindergarten mit naturpädagogischem Schwerpunkt arbeiten – umso mehr, wenn man selbst nicht daran gewöhnt ist, viel in der Natur zu sein. Es gibt zahlreiche Möglichkeiten, ein solches Vertrauen aufzubauen. Als Führungskraft betone ich, wie wichtig der Dialog mit den Eltern ist, damit sie sich sicher fühlen können. Deshalb laden wir die Mütter und Väter ein, die ersten Tage mit ihrem Kind im Kindergarten zu verbringen, um ein Gefühl dafür zu bekommen, was der Kindergartenalltag im Freien bedeutet. Wir halten regelmäßig Elternsprechstunden und Elternabende ab, bei denen wir über das Wohl des Kindes sprechen. Wenn die Eltern eine Frage haben oder sich über die Situation ihres Kindes mit uns unterhalten wollen, können wir jederzeit einen Termin vereinbaren, der auch telefonisch stattfinden kann.

Vertrauen ist etwas, das im Laufe der Zeit entsteht. Sein Kind den Erzieherinnen und Erziehern anzuvertrauen und zu wissen, dass es den ganzen Tag draußen verbringen wird, vielleicht sogar bei Minusgraden, kann anfangs eine ziemliche Herausforderung sein. Aber wenn man erst einmal erlebt hat, wie es ist, ein zufriedenes, glückliches, sich gut entwickelndes Kind wieder abzuholen, wächst das Vertrauen, und plötzlich kann man sich für sein Kind keine bessere Umgebung mehr vorstellen.

Einige Menschen – ob das nun Eltern oder Fachleute sind – denken vielleicht, es sei zu «heftig» für die Kinder, den Großteil des Tages draußen zu verbringen, wie das bei Waldkindergärten der Fall ist. Manchmal höre ich die Meinung, der Wald sei zu groß und überwältigend, vor allem für besonders sensible und empfindsame Kinder, oder dass einige eben einfach «Hauskinder» seien. Ich denke jedoch, die Natur wirkt sich immer positiv aus, egal ob man empfindlich, ausgeglichen oder extrovertiert ist – es ist eine Frage der Gewohnheit und der Kultur, mit der wir das Kind prägen. Natürlich sind Kinder verschieden, aber ich habe noch nie erlebt, dass die Natur nichts Positives zum Wohl des Kindes beitragen konnte. Kinder brauchen eben verschiedene Möglichkeiten, egal in welchem pädagogischen Umfeld sie sind. Es liegt an den Erwachsenen, den richtigen Rahmen zu wählen; auch Wind und Wetter haben beispielsweise einen Einfluss darauf, wo wir uns aufhalten wollen. Es ist unsere Aufgabe als Erzieher, auch in der Natur Räume zu schaffen, die es den Kindern erlauben, auch mal eine Pause vom Klettern und vom Rennen einzulegen – und für einen Ort zu sorgen, an dem sie sich entspannen können, etwa auf einem Teppich oder in einer Höhle.

Die Aufgaben der Eltern

Auf die Eltern warten einige Herausforderungen, wenn ihre Kleinen den ganzen Tag draußen in der Natur sind. Die Kinder brauchen zusätzliche Kleidung, vermutlich eine weitere Matschhose, einen Schneeanzug, viel Wolle und Seide für den Großteil des Jahres und einige Mützen und Fäustlinge, denn sie gehen öfter verloren. Als Mutter oder Vater kann man sich manchmal, wenn man in der Stadt seinem Kind zum Abschied zuwinkt, schwer vorstellen, wie es ist, den ganzen Tag am Strand oder auf einer Weide zuzubringen. Kleidungsfragen verlangen klare und zahlreiche Absprachen zwischen Erzieherinnen und Eltern. Wir raten den Eltern, dem Wetter gegenüber keine negative Haltung einzunehmen, denn sie überträgt sich auf die Kinder. Das Verhältnis der Erwachsenen zur Natur prägt die künftige Beziehung der Kinder zur Natur. Man braucht einen kreativen und optimistischen Ansatz, um bei herausforderndem Wetter gute Stimmung zu verbreiten. Auch wenn es kalt ist, regnet und das Wetter rau ist, sollte der Erwachsene Freude und Begeisterung ausstrahlen; er muss das eigene Bedürfnis hintanstellen können, es sich drinnen gemütlich zu machen und mit einem guten Buch vor den Kamin zu setzen. Wir ermutigen die Mütter und Väter, die verschiedenen Wetterqualitäten wertzuschätzen und zeigen, dass es eindeutig möglich ist, einen verregneten Tag zu genießen. Es geht um die Signale, die wir den Kindern gegenüber aussenden. Bringen Sie Ihrem Kind bei, alle Qualitäten der Natur zu schätzen. Bringen Sie ihm bei, dass die Natur ungefährlich ist. Die Elemente der Natur haben eine Wirkung auf das Gefühlsleben des Kindes. So werden beispielsweise einige Kinder bei windigem Wetter wilder, während Regen oft meditativ auf die Seele wirkt.

In der Kinderinsel Bonsai feiern wir viele Jahreszeitenfeste, und es ist sinnvoll, dass die Eltern daran teilnehmen. Es schafft Zusammenhalt, sich in der Natur zu treffen, und fördert Vertrauen und Verständnis zwischen den Kindern, Erzieherinnen und Eltern. Wir veranstalten ein Maifest, zu dem Eltern und Geschwister eingeladen werden; wir singen miteinander Frühlingslieder und tanzen um den Maibaum. Bei dieser Gelegenheit gehen wir mit den Eltern auch im Wald spazieren, damit sie das aufkeimende Leben des Buchenwaldes erleben können. Wir feiern mit den Müttern und Vätern ein Sommerfest, zu dem ebenfalls gesungen und getanzt wird. Im November laden wir alle Eltern und Geschwister zum Laternenfest ein, bei dem wir einen Laternenumzug durch den Wald machen, während wir stimmungsvolle Lieder über das Licht in der Dunkelheit singen. Es gibt viele Möglichkei-

In einem Waldkindergarten arbeiten

Man muss kein Experte oder Naturführer sein, um in einem Kindergarten mit waldpädagogischem Schwerpunkt zu arbeiten. Das Wichtigste ist, dass die Erwachsenen neugierig und offen sind und eine echte Freude daran haben, draußen zu sein. Wir haben unsere Erzieherinnen, Erzieher und Praktikantinnen der einzelnen Kindergartengruppen befragt, wie sie es erleben, so viel mit den Kindern draußen zu sein.

Vorteile, so viel im Freien zu sein:

- Man ist stark mit der Natur und den Jahreszeiten verbunden.
- Ein Gefühl der Zufriedenheit stellt sich ein, wenn man draußen ist; es sorgt für Freude und Ausgeglichenheit.
- Draußen entwickeln sich gesunde Neugier und freie Fantasie – viel schneller als drinnen.
- Die Sinne werden mehr angesprochen.
- Man hat viel mehr Raum über sich; es gibt viel Platz und Bewegungsfreiheit, um sich körperlich zu entfalten.
- Man lernt Dankbarkeit für gutes Wetter und entwickelt Resilienz gegenüber schwierigeren Wetterbedingungen.
- Die Spiele draußen und drinnen sind sehr unterschiedlich – das Spiel in der Natur ist sehr wertvoll.
- Der Rhythmus draußen ist klar.
- Man verbindet sich mit der Langsamkeit der Natur. Manchmal *sind* wir einfach – wir sitzen nur da, beobachten Wolken, sagen nichts. Das würde drinnen nie funktionieren.
- Man verspürt ein Gefühl der Freiheit.
- Man freut sich darüber, etwas wiederzuerkennen, wenn man die Prozesse in der Natur erlebt.
- Man kann die Kinder auf eine andere Art und in ganzheitlicherer Weise beobachten.

Nachteile, so viel im Freien zu sein:

- Die Anforderungen an die Kleidung sind sehr hoch – sowohl bei den Kindern als auch bei den Mitarbeiterinnen.
- Gegenstände verschwinden leichter im Wald, sodass man sie schwerer wiederfindet.
- Klare Regeln sind erforderlich – die Kinder reagieren sensibler darauf, wenn ein Erwachsener weggeht, z. B. um etwas aus dem Haus zu holen.
- Es erfordert größeren logistischen Aufwand, alles mit nach draußen zu nehmen, was gebraucht werden könnte, und man muss einen guten Überblick über die mitgenommenen Dinge behalten.
- Zeitweise sind die Wetterbedingungen herausfordernd.
- Es kann schwierig sein, draußen eine feierliche Stimmung zu schaffen.
- Kälte und Feuchte setzen der Haut manchmal zu.

ten, Feste zu feiern, aber am wichtigsten ist uns, sie in einem festen Rahmen zu begehen, denn das schafft ein starkes Gefühl der Zusammengehörigkeit. Mir sind viele Bemühungen anderer Naturkindergärten bekannt, ein solches Gemeinschaftsgefühl aufzubauen. Beispielsweise feiert ein kleiner Kindergarten auf Fünen jeden Freitagnachmittag den Wochenausklang mit «Lagerfeuer und Pfannkuchen», und alle Eltern sind eingeladen, mit ihren Kindern das Feuer zu erleben und zu genießen, bevor sie zusammen ins Wochenende gehen.

Der Bus ins Freie

Im Waldkindergarten Bonsai haben wir sowohl Kinder aus der Umgebung, die von ihren Eltern gebracht und abgeholt werden, als auch solche, die mit einem Bus aus Kopenhagen kommen. Es gibt zwei Haltestellen im Zentrum, und die Eltern bringen ihre Kinder zu bestimmten Zeitpunkten an diese Orte und holen sie dort auch wieder ab. Die Regelung mit dem Bus setzt voraus, dass man den festgesetzten Zeitpunkt einhalten kann, was für einige Familien eine logistische Herausforderung darstellt, während es für andere ein willkommener Anlass ist, Struktur und Rhythmus in den Tag zu bringen.

Einige Eltern machen sich Gedanken über diese Transportlösung: Tut es den Kindern denn gut, so lang still im Bus zu sitzen? Doch unserer Erfahrung nach macht es den Kindern selten etwas aus, ruhig im Bus zu sitzen, denn die Möglichkeit, in den

Wald zu gehen, macht die tägliche Fahrtzeit von 30 bis 45 Minuten wieder wett. Wir finden es jedoch wichtig, dass die Fahrt nicht länger als eine Stunde dauert. Beim Morgenspaziergang merken wir, dass die Kinder von der Busfahrt oftmals profitieren; sie können den Tag ruhig beginnen und ihren Weg in die Gruppe in gemächlichem Tempo selbst finden. Sie genießen die Freundschaften, reden miteinander oder schauen einfach eine Weile aus dem Fenster. Hin- und Rückweg dienen ihnen zur Entspannung und Ruhe. Erwachsene dürfen währenddessen dabei sein, sie können mit den Kindern Lieder singen und die Busfahrt angenehm gestalten, indem sie für eine gute Atmosphäre sorgen und einfach anwesend sind. Auf dem Heimweg am Nachmittag ruhen sich die Kinder von den Anstrengungen des Tages aus; viele machen ein wohlverdientes Nickerchen. Das gibt ihnen die Energie, die sie für den Nachmittag wieder brauchen, wenn sie zu Hause sind.

Oft wird uns auch berichtet, dass sich die Eltern miteinander anfreunden, wenn sie jeden Morgen zusammenstehen und ihren Kindern im Bus hinterherwinken und am Nachmittag auf ihre Rückkehr warten. Die Wartezeit gibt ihnen die Möglichkeit, miteinander zu plaudern; dadurch entsteht ein Gemeinschaftsgefühl, und es bietet sich die Möglichkeit, Erfahrungen auszutauschen und sich gegenseitig zu helfen. Nicht selten entstehen dabei Freundschaften fürs Leben.

Wenn man die Kinder selbst in den Kindergarten bringt und sie dort abholt, hat das den Vorteil, dass man ihre alltägliche Umgebung und den Wald dort sieht, miterlebt, wie er sich mit den wechselnden Jahreszeiten verändert, dass man die Erzieherinnen begrüßen und zu den Spielplätzen der Kinder gehen kann. Die Kinder finden es wunderbar, wenn sie zeigen dürfen, wie hoch sie schon klettern können und dass sie es wieder nach unten schaffen. Oft bedeutet es Kindern sehr viel, Mama oder Papa ihren Alltag zu zeigen. Dadurch entsteht auch eine Brücke zwischen dem Kindergarten und dem Zuhause. Daher empfehlen wir auch jenen Eltern, die den Bustransfer in Anspruch nehmen, ihre Kinder mindestens einmal monatlich selbst abzuholen.

Der Alltag im Freien für Krabbelkinder

In unseren Krabbelgruppen betreuen wir Kinder von einem bis etwa drei Jahren, und wir sind jeden Tag mit den Kindern draußen. Für die Krippenkinder ist es besonders wertvoll, im Freien zu sein. Denn in diesem Alter erforschen sie die Welt eingehend, während sie gleichzeitig noch damit beschäftigt sind, in ihrem Körper anzukommen. Daher brauchen sie den Raum, um zu üben, sie brauchen die Gelegenheiten, wo sie Koordination und Bewegung trainieren können. Kleine Kinder sind neugierig und glücklich, wenn sie die Natur entdecken, und begeistern sich schnell für ihre Funde: eine Schnecke, ein Blatt, ein Marienkäfer … Sie sind aufgeregt, wenn im Winter die ersten Schnee-

CeLaVi

flocken fallen oder sich die Sonne in einer Pfütze spiegelt. Im Winter, bei Temperaturen um den Gefrierpunkt, mag es für die Einjährigen vielleicht genügen, zwanzig bis dreißig Minuten draußen zu sein. Aber schon das ist sinnvoll. Denn für sie ist es eine Luftveränderung, sie können frische Luft schnappen, Sinneserfahrungen machen und kriegen rote Wangen. Wenn die Kleinsten im Winter nur kurz draußen sind, liegt das auch daran, dass ihre Bewegungsfreiheit durch all die dicke Winterkleidung behindert wird, und obwohl sie warme Kleider anhaben, ist es schwer für sie, sich warm zu halten, wenn sie sich nicht so viel bewegen.

Es ist wichtig, zwischen Krippen- und Kindergartenkindern zu unterscheiden, was ihre Bedürfnisse betrifft. Kleine Kinder brauchen zur Anregung ihrer motorischen Fähigkeiten viel Bewegung, aber natürlich in anderer Weise als größere. Wenn wir spazieren gehen, sorgen wir dafür, dass die Kinder selbst laufen und nur die jüngsten im Kinderwagen sitzen, weswegen die Wanderungen nicht so lang andauern, damit alle mithalten können. Es muss auch Zeit dafür sein, anzuhalten und die Blumen und Schnecken zu betrachten und dem Vogel zuzuhören, der auf dem Baum sitzt und singt. Diese Situationen bieten selbstverständlich auch Gelegenheiten, in Worte zu fassen, was man erlebt und erfährt, und auf diese Weise üben die Kleinen auch ihre sprachlichen Fähigkeiten.

Kleine Kinder brauchen Zeit. Sie konzentrieren sich vollkommen auf den jetzigen Augenblick und sind bei allem, was um sie herum ist und passiert, ganz gegenwärtig. Es herrscht eine besondere Ruhe und Zufriedenheit bei den Kleinen, wenn man mit ihnen zusammen im Sandkasten sitzt, auf Ameisenjagd geht oder Steine am Strand sammelt. Sie wollen auch bei allem mitmachen, und die Zeit, die wir mit ihnen in der Natur verbringen, ist voller Magie. Wir müssen uns viel Zeit lassen, damit die Kinder die Möglichkeit bekommen, in den Zustand aufrichtigen Staunens einzutauchen und die Welt in ihrem eigenen Tempo zu erkunden.

Bei Krabbelkindern ist es wichtig, auf einen festen, gleichmäßigen Tagesrhythmus zu achten. So müssen auch wir uns tatsächlich daran halten, ihnen Naturerfahrungen zu ermöglichen und das Leben draußen in ihren Alltag einzubeziehen. Nach dem Morgenkreis teilen wir die Kinder der Krabbelgruppe in kleinere Gruppen auf und gehen mit ihnen zur Garderobe. Dort üben sie das An- und Ausziehen – wir achten sehr darauf, sie dabei zu unterstützen, selbstständig zu werden. Die Kinder können üben, sich ihre Schuhe selbst anzuziehen. Und wie viele Erfolgserlebnisse werden sie haben, wenn man ihnen genug Zeit dafür lässt! Zeit ist bei Krippenkindern ein Zauberwort, und die Anwesenheit und Geduld des Erwachsenen in der konkreten Situation stellen sicher, dass sie den Wunsch haben, aktiv am Prozess teilzunehmen. Für sie ist der Prozess das Wichtigste.

In Dänemark ist es üblich, dass die Kleinsten mittags im Kinderwagen oder in einem Bettchen draußen ein Schläfchen machen. Diese Tradition gibt es auch bei uns (siehe das von Foto von S. 146). Die frische Luft tut ihrem Schlaf und ihrer Gesundheit gut, deswegen wickeln wir sie in Wolle und warme Decken ein, damit sie ihre Wärme halten können. Die Kinder haben einen besseren Appetit, einen gesünderen Schlaf und mehr Energie, wenn wir für abwechslungsreiche Tätigkeiten im Freien und gute Bewegungsmöglichkeiten sorgen. Mit unserer Krabbelgruppe sind wir also draußen, bis es Zeit zum Essen ist. Wenn wir dann nach drinnen gehen, uns ausziehen, die Hände waschen, uns an den Tisch setzen und zu essen beginnen, breitet sich eine zufriedene Stimmung bei den Kindern aus.

In unserer kleinen Krabbelgruppe in Amager (im Zentrum von Kopenhagen) haben wir keinen direkten Zugang zur freien Natur. Die Gruppe befindet sich in einer Wohnung im Erdgeschoss mit Zugang zum Innenhof, wo es einen kleinen Spielplatz mit Sandkasten, Rasen und Bäumen gibt. Auch wenn dies kein Wald ist, ist es besser als nichts. Kann das kleine Kind draußen sein, im Sandkasten spielen oder ein wenig klettern, hat es wertvolle Möglichkeiten, sich zu entfalten. Ich habe Krippen in Kalifornien besucht, in Gegenden, wo die Kinder kaum Zugang zur Natur in ihrer Vielfalt hatten; vielerorts hatte man nur ein paar Bäume und ein Stück Wiese zur Verfügung. Auch hier schufen die Erzieherinnen anregende Umgebungen für die Bewegungsbedürfnisse der kleinen Kinder, indem sie beispielsweise Holzmöbel mit einbezogen, die Möglichkeiten zum Klettern boten. Auf diese Weise verwandelte sich ein flacher Rasen in hügeliges Gelände.

Der Übergang zur Schule

In der letzten Kindergartenzeit, bevor die Kinder in die Schule kommen, fassen wir die künftigen Schulkinder aus allen vier Kindergartengruppen in einer besonderen Gruppe zusammen: der «Gruppe der Großen». Die meisten Kinder bleiben bis zu den Sommerferien bei uns, bevor sie im August in die Schule gehen. Von Ostern bis zu den Sommerferien treffen sich diese Kinder zu besonderen Tagen, den Aktionstagen der Großen.

Dies ist eine Zeit, in der jedes einzelne Kind in einer sicheren Umgebung lernt, neue Beziehungen einzugehen, und neue Fähigkeiten übt, indem es an anspruchsvolleren Ausflügen in die Umgebung teilnimmt. Hier verbringen die «Großen» auch Zeit mit Gleichaltrigen. Das eröffnet ihnen andere Möglichkeiten und bietet Herausforderungen, die sie in ihrer gewohnten Gruppe, wo sie die «Ältesten» sind, nicht haben. Die Kinder machen Tagesausflüge, beispielsweise Wanderungen im Tiergarten, Segelausflüge zur Sandschwarmfestung Flakfortet (einer Insel außerhalb von Kopenhagen mit einem alten Fort), besuchen Theateraufführungen oder ein Museum. Wenn sie nicht für solche besonderen Unternehmungen unterwegs sind, machen sie längere Wanderungen in der Umgebung des Kindergartens. Während dieser Zeit sind wir den ganzen Tag bei jedem Wetter draußen. Das schafft Gelegenheiten, bei denen wir zusammenarbeiten, um ein Zelt oder eine Plane im Wald als Schutz vor Regen und Wind aufzubauen.

Die Kinder aus der «Gruppe der Großen» sind wirklich groß und selbstständig, sie können gut bei den verschiedensten Aufgaben mithelfen, was wir mit ihnen auch üben. Wir planen kreative Arbeiten mit ein, bei denen sie Puppen nähen und Steckenpferde basteln, schnitzen, malen usw. – all das findet in der freien Natur statt. Am Ende dieser Zeit üben wir ein kleines Theaterstück ein, bei dem die Kinder die verschiedenen Rollen spielen und die Kulissen gestalten; beim Sommerfest präsentieren sie es ihren Eltern, Geschwistern und Freunden.

Wir haben uns für ein Modell entschieden, bei dem sich die Kinder zwei bis drei Tage pro Woche in der «Gruppe der Großen» befinden und die übrige Zeit «zu Hause» in ihren jeweiligen Gruppen verbringen. So haben sie die Sicherheit, die Beziehung zur eigenen Gruppe aufrechtzuerhalten, bis sie den Kindergarten verlassen, und die Gelegenheit, sich in ihrer alten Rolle zu entspannen. Indem sie nur «Teilzeit» in der «Gruppe der Großen» sind, können sie Neues ausprobieren, daneben sich aber auch erholen. Das ermöglicht es jedem Kind, das Neue ohne Überforderung aufzunehmen. Dieses Vorgehen verlangt von uns eine gute Planung, damit wir alljährlich für 20 – 25 Kinder ein solches Projekt durchführen können, doch es ist ein Geschenk von uns für jedes einzelne Kind. So können sich die Kinder einerseits vom Kindergarten und dem Vertrauten verabschieden und andererseits die Schule, das Unbekannte, das Neue begrüßen. Es ist ein symbolisches Zeichen für ihren Weg vom Kindergarten in die Schule.

Wir erhalten viele positive Rückmeldungen von Lehrerinnen und Lehrern, dass die Kinder, die aus unserem Kindergarten in die Schule kommen, in sich selbst ruhen, schulreif, wissbegierig und beziehungsfähig sind. Wir werten dies als deutlichen Hinweis darauf, dass eine Vorschulerziehung auf Grundlage der Naturpädagogik erfolgreich ist. Die Kinder sind ganz in ihrem Körper angekommen, sie sind bereit für ein neues Abenteuer, und in ihrem Gepäck haben sie einige der wichtigsten Eigenschaften dabei, die sie für die Schule brauchen: Neugierde, die Lust auf das Lernen, soziale Fähigkeiten, einen gesunden Körper und einen gesunden Geist.

Wie man die Beziehung des Kindes zur Natur auch nach Schulbeginn bewahren kann

Eltern und Erzieherinnen sind dafür verantwortlich, Kindern die Möglichkeit für Aktivitäten im Freien zu bieten. In Dänemark und in vielen anderen europäischen Ländern verbringen Kinder die meiste Zeit des Tages, in der sie wach sind, in Betreuung. Es ist klar, dass Erzieherinnen und Erzieher daher notwendigerweise mitbedenken müssen, wie sich das Leben in der Natur und Aktivitäten im Freien in die Kindergartenplanung einbeziehen lassen. Die Kinder aus unserem Waldkindergarten haben hier eine ausgeprägte Outdoor-Kultur erlebt, und wenn sie uns verlassen und in die Schule kommen, erinnere ich die Eltern immer daran, dass sie ihren Kindern im Alltag auch weiterhin Wald- und Naturerlebnisse ermöglichen sollten. Die Kinder müssen sich in der Weise erholen und entspannen können, wie die Natur es ihnen ermöglicht. Durch ihren festen Alltag in der Natur haben sich die Kinder Lebensfreude und Dankbarkeit angeeignet, doch ein solcher freudvoller und dankbarer Naturbezug muss gepflegt werden.

Diese einzigartige Beziehung können die Kinder schon dadurch aufrechterhalten, dass sie für kurze Zeit in die Natur zurückkehren, einen Spaziergang im Wald machen oder andere Naturerlebnisse haben, abseits des geschäftigen Stadtlebens und der Mühle des Alltags. Die Möglichkeiten, die die Natur bietet, die gesunde Entwicklung der Kinder zu unterstützen, sind unerschöpflich. Kinder sind mit der großartigen Fähigkeit des Staunens ausgestattet, und über die Natur kann man wahrhaftig staunen.

KAPITEL 3

Waldorfpädagogik in einem Waldkindergarten

In Bonsai arbeiten wir auf der Basis von Rudolf Steiners Philosophie und Methode der Kindererziehung, die allgemein als Waldorfpädagogik bekannt ist. Steiners grundlegender Ansatz besteht, kurz gesagt, darin, den ganzen Menschen zu verstehen und mit einzubeziehen, statt nur einzelne Fähigkeiten oder Aspekte der Persönlichkeit zu fördern. Wendet man diese Pädagogik auf die frühe Kindheit an, lernt das Kind, besser in sich zu ruhen, und dadurch entwickelt es den Mut, die Welt um sich herum zu erkunden. In den ersten sieben Lebensjahren baut es das Fundament für seine spätere Entwicklung auf. In dieser Zeit sollte sein Leben von einem gleichmäßigen Rhythmus, guten Vorbildern, von Liebe und täglichen Anregungen für alle Sinne und den ganzen Körper geprägt sein. Wir betrachten unsere Erziehung als eine gesundheitsfördernde Pädagogik und versuchen, uns Tag für Tag die Frage zu stellen: Was macht die Kinder gesund und stark?

Das folgende Kapitel erläutert, wie sich die vier Kernthemen der frühkindlichen, auf der Waldorfpädagogik beruhenden Erziehung (die für den Kontext des Buches relevant sind) im Waldkindergarten Bonsai gestalten: Natur, Rhythmus, Sinne und Nachahmung. Für weiterführende Aspekte der Waldorfpädagogik sei auf den Anhang und das Literaturverzeichnis (S. 183ff. und 190f.) verwiesen.

- *Die Bedeutung der Natur und des Rhythmus in der Natur – die Jahreszeiten:* Wir Menschen sind rhythmische Wesen, wir atmen ein und aus, sind wach und schlafen. Die wechselnden Jahreszeiten folgen ebenfalls einem Rhythmus, der sich in uns widerspiegelt. Erleben Kinder den Wandel der Jahreszeiten, ihre Besonderheiten und Stimmungen unmittelbar, werden ihre Sinne angeregt. Der Jahreskreislauf wird zu einem Rhythmus, der im Kind lebt. Deshalb bringen wir die Natur auch zu uns nach drinnen und feiern die Jahresfeste mit ihren unterschiedlichen Stimmungen, die mit ihnen verbunden sind. Zur Natur gehören auch die wundervollen und magischen Welten mit ihren übernatürlichen Wesen. In der Welt des Kindes gibt es keinen Unterschied zwischen «wirklich» und «unwirklich». Die Fantasie ist lebendig und wirklich, daher geben wir ihr auch in der Pädagogik den nötigen Raum.

- *Die Bedeutung des Rhythmus:* Wie der Sommer in den Winter und der Tag in die Nacht übergeht, besteht auch der menschliche Atem aus dem Wechsel von Einatmen und Ausatmen. Steiner zufolge liegen die heilenden, aufbauenden Kräfte des Menschen in seinem Atemsystem. In der Entspannung hat der Mensch einen harmonischen Atem, er atmet tief und ruhig. Deshalb achten wir besonders auf den Wechsel zwischen strukturierenden, erwachsenengeführten Aktivitäten einerseits und freiem Spiel andererseits.
- *Die Bedeutung der täglichen Sinnesanregungen:* Wir glauben, dass die Kinder zu authentischen und vielseitigen Menschen heranwachsen, wenn täglich all ihre Sinne angeregt werden. In der Waldorfpädagogik wollen wir dem *ganzen* Kind und dem *gesamten* Menschenwesen Nahrung bieten; in den ersten sieben Lebensjahren ist es besonders wichtig, dass der Körper insgesamt Nahrung und Anregungen bekommt. Wir sind davon überzeugt, dass die gesunde körperliche Entfaltung die Voraussetzung ist, um später Intellektuelles begreifen zu können. «Man muss greifen, bevor man begreifen kann», sagt ein altes Sprichwort. Deshalb setzen wir sehr bewusst den Schwerpunkt darauf, dass täglich alle Sinne angeregt werden, ob wir nun draußen oder drinnen sind.
- *Die Bedeutung des nachahmenswerten Vorbildes:* Die Waldorfpädagogik unterteilt die menschliche Entwicklung in Siebenjahresperioden. Bis zum Alter von sieben Jahren lernen Kinder hauptsächlich durch Nachahmung. Das kleine Kind nimmt alles tief in sich auf, was ihm in seiner Umwelt begegnet, und verarbeitet diese Erfahrungen in seinem Spiel. Wir inspirieren das Spiel nicht dadurch, dass wir aktiv mit den Kindern mitspielen, sondern indem wir uns insgesamt als Vorbild verhalten; wir inspirieren durch unsere Erscheinung, unser Tun und die Art, wie wir miteinander und mit den Kindern kommunizieren. Unserer Auffassung nach ist es weitaus effektiver und anregender für das Kind, wenn das Lernen aus einer Notwendigkeit heraus erfolgt – das heißt also in einer natürlichen, sinnhaften Situation stattfindet, in der das Ziel der Handlung klar und offensichtlich ist –, als dass man künstliche Lernräume schafft, die auf einer Vorstellung dessen basieren, was das Kind lernen sollte. Deshalb achten wir auf gute Aktivitäten der Erwachsenen, die die Kinder direkt oder indirekt nachahmen können, und auf besondere Gelegenheiten, die sich hierfür in der freien Natur anbieten.

Die Natur und der Jahreskreislauf

> «Wer diesen Jahreslauf miterleben kann, der fühlt sein ganzes Menschenleben ungeheuer bereichert durch solches Miterleben. [...] Und dann kann man dieses Miterleben des Jahreslaufes immer mehr und mehr vertiefen, bereichern, dann kann man es wirklich dazu bringen, dass man nicht so sauer, möchte ich sagen, als Mensch innerhalb seiner Haut dahinlebt und die äußeren Dinge an sich vorüber-

> gehen lässt, sondern dann kann man es so erleben, dass man mit jeder Blume selber in seinem Gemüte blüht, dass man das Blühen der Blume miterlebt, dass man das Sich-Aufschließen der Knospen miterlebt, dass man im Tautröpfchen, aus dem die Sonnenstrahlen erglänzen, im erglänzenden Lichte miterlebt dieses wunderbare Geheimnis des Tages, das uns eben in dem erglänzenden Tautröpfchen am Morgen entgegentreten kann.»
>
> *Rudolf Steiner, GA 229, 1923, S. 12f.*

Die Natur und ihr Rhythmus durch das Jahr hindurch spielen in unserer Pädagogik eine sehr wichtige Rolle. In der Natur begegnet uns Rhythmus in vielen Variationen: Wir beobachten die Verwandlung vom Keimen über das Blühen zum Verwelken und Zerfallen, bevor wir im nächsten Jahr den erneuten Beginn dieses Lebenszyklus wahrnehmen. Genau deshalb ist es so sinnvoll, dass Kinder intensiv die Natur erleben können. Sie folgen diesem Rhythmus und nehmen ihn als natürliches Element in ihr Spiel auf. In der Natur beobachten wir das ständige Wachsen und Reifen – eine Entwicklung, die das menschliche Leben widerspiegelt: von der Geburt über Kindheit, Jugend und Erwachsenenalter bis zum Lebensabend und dem Tod.

Es gibt viele Möglichkeiten, Sinn und Harmonie in der Natur zu finden – man ist ein Teil eines größeren Ganzen, und es gibt Platz für alle. Wir erleben, dass die Kinder dadurch allmählich in sich ruhen und sich selbst spüren können, mit ihrem eigentlichen Ich verbunden sind und eine innere Zufriedenheit ausstrahlen – anders gesagt: dass sie so sind, wie sie sind.

Die Jahreszeiten und ihre Wechsel enthalten Rhythmen und Stimmungen, die sich im Menschen widerspiegeln. Beziehen wir die Natur so stark wie möglich in die Erziehung des kleinen Kindes ein, können wir mit dem Wesentlichen, dem Grundlegenden arbeiten. Was in der Natur passiert, vermag in unserem Gefühlsleben nachzuklingen. Daher ist es naheliegend, dass wir uns im Winter auch mit winterlichen Tätigkeiten beschäftigen: dass wir uns einkuscheln, Kerzen anzünden, Winterlieder singen, Brennholz sammeln usw.

Wir greifen die Stimmung der Jahreszeit auf und helfen dadurch dem Kind, zu sich selbst zu finden. Im Frühling singen wir fröhliche Lieder über hellgrüne, frisch gekeimte Bäume, über Blumen und Vögel. Wir feiern die Wiederkehr des Lichts und das auferstehende Leben nach dem langen, dunklen Winter. Die Kinder hören etwas über die Elemente der Natur – alles, was sie in ihrem täglichen Leben und im Waldkindergarten erleben, verbindet sich daher zu einem schönen, bedeutungsvollen Zusammenspiel. Sie spüren auch die «Stimmungen» der Natur: ob es heiß oder kalt ist, trocken oder nass, hell oder dunkel. Sie essen saisonales Gemüse, singen etwas zur passenden Jahreszeit und hören Märchen darüber, sodass die Sinnesqualitäten der Saison stark vertreten sind. Der Jahreskreis hat eine stärkere Wirkung, wenn man dem Lauf der Natur folgt und die magische Verwandlung hautnah erleben darf. Passen wir unsere Lieder, Finger-

Januar
Februar
März
April
Mai
Juni
Juli
August
September
Oktober
November
Dezember

spiele und Märchen der Jahreszeit an – wie wir im Winter ja auch keine Sommerfrüchte essen –, wird es für uns selbstverständlich, den Jahreszeiten zu folgen und sie zu verinnerlichen.

Jede Jahreszeit hat ihre eigenen Qualitäten und bietet daher auch unterschiedliche Möglichkeiten. Im Sommer können wir barfuß laufen, das nasse, frische Gras zwischen den Zehen spüren, Blumen pflücken, uns im dichten Dickicht verstecken und Höhlen bauen. Im Herbst genießen wir Brombeeren, springen in einen Blätterhaufen und sammeln Zapfen. Im Winter können wir Schlitten fahren, die Schneeflocken auf der Haut spüren und das Knirschen hören, wenn wir auf gefrorenen Boden treten. Und wenn wir uns im kargen, dunklen Winter kaum noch vorstellen können, dass es der Natur überhaupt möglich ist, Leben hervorzubringen, passiert das Magische: Kleine gelbe Winterlinge sprießen neben Schneeglöckchen aus dem Boden und kündigen uns die kommenden helleren Tage an. Es ist ein wunderbares Geschenk, wenn Kinder diesen Wechsel und die Vielseitigkeit der Natur beobachten können. Sie bietet Luft und Raum, und die Kinder spüren schnell, dass sie Teil eines Größeren sind, wenn sie sich in der Natur aufhalten.

Sie erleben die Jahreszeiten mit ihren Sinnen und leben immer in der momentanen Saison, im Hier und Jetzt. Sie jammern nicht über die Jahreszeiten, wie Erwachsene es oft tun. Kinder haben keine festen Erwartungen an Tage oder Jahreszeiten: dass der Sommer zum Beispiel Badewetter bieten muss oder der Winter Schnee bringt. Es ist schön, wenn das eintritt, und die Kinder genießen es auch. Aber sie leben so stark in der Gegenwart, dass das völlig ausreicht.

Wir haben eine innere Stimmung, einen Grundton in uns. An manchen Tagen hüpfen wir morgens glücklich und zufrieden aus dem Bett, während wir an anderen langsamer, introvertierter oder etwas mürrisch sind. Es gibt Situationen, in denen wir gern etwas wilder sind, in anderen tauchen wir lieber in unseren eigenen Raum ab. Die Natur unterstützt mit all ihren Qualitäten, Stimmungen und Möglichkeiten diese inneren Prozesse im Kind.

Jahreszeitenfeste

Wir schenken den Jahreszeitenfesten so viel Beachtung, weil ihre Hintergründe mit Ereignissen in der Natur zusammenhängen. Beim Maifest heißen wir den Sommer mit seinem Licht und all seinen Farben willkommen, indem wir mit bunten Bändern um den Maibaum tanzen. Beim Laternenfest finden wir unsere innere Stärke und unser inneres Licht, mit denen wir in die dunkle Zeit hinein gehen. Wenn wir uns über Vorgänge der Natur bewusst sind, können wir auch unsere Handlungen mit größerer Bewusstheit ausführen.

Wir empfehlen, eigene Traditionen rund um die Jahreszeiten ins Leben zu rufen. Die Jahreszeitenfeste sind eine Hommage an die Natur und sollten ihren Ausgang von jener Umgebung und jenen Traditionen nehmen, in denen man lebt; sie sollten berücksichtigen, wie sich die entsprechenden Jahreszeiten dort entfalten, wo man lebt.

Wir begehen etwa jeden Monat ein Jahreszeitenfest. Weil die Feiern immer zur selben Zeit stattfinden, wäre es einfach, das jeweilige Fest des letzten Jahres bloß zu wiederholen. Doch die Erfahrung zeigt, dass es schnell tot wird, wenn wir es nur kopieren. Etwas geht verloren, wenn ein Jahreszeitenfest eine reine Wiederholung dessen ist, was auch im letzten und vorletzten Jahr so gestaltet wurde; es ist, als verdünne man seinen Zusammenhang mit der Natur und seine Magie. Verbinden wir uns mit dem Fest – und mit den täglichen Arbeiten – jedes Mal neu, leben wir stärker in der Gegenwart.

Das Fest und seine Neugestaltung sind Anlass, uns darüber auszutauschen, welche Art von Stimmung wir erreichen wollen, welche Bedeutung das Fest hat und welchen Wert es für die Kinder besitzt; wir machen uns über den Prozess, alle Vorbereitungen und zuletzt – worauf es schließlich ankommt – über das Fest selbst Gedanken. Andernfalls kann es leicht zu einer hohlen Tradition ohne Leben verkommen, einer Form ohne Inhalt. Das bedeutet nicht unbedingt, dass alle Aktivitäten verändert werden müssen, aber es hilft, sich bewusst zu machen, ob der Feier etwas Neues hinzugefügt werden sollte; das stärkt den Bezug zur ursprünglichen Quelle und lässt einen aktiv in der Gegenwart planen. Ein Künstler kann dasselbe Bild nicht immer wieder malen; in dieser Weise müssen auch wir neue Möglichkeiten bedenken und, zusammen mit den Kindern, neue Formen der Ausführung schaffen. Das mag der Grund dafür sein, dass Rudolf Steiner die Pädagogik als «Erziehungskunst» bezeichnet hat.

Die Bedeutung von Rhythmus für das Kind – und die alltäglichen Rhythmen

> «Mit der Welt und ihrem Zeitenwandel verbunden fühlt sich der Mensch. [...] So wird bei ihm zum Rhythmus von Außen- und Innenleben, was in der Natur in der Zeiten Wechselfolge als Sommer und Winter sich darstellt. Es können ihm aber große Geheimnisse des Daseins aufgehen, wenn er seinen zeitlosen Wahrnehmungs- und Gedankenrhythmus in entsprechender Weise zum Zeitenrhythmus der Natur in Beziehung bringt. So wird das Jahr zum Urbild menschlicher Seelentätigkeit und damit zu einer fruchtbaren Quelle echter Selbsterkenntnis.»
>
> *Rudolf Steiner, GA 40, 1912/13, S. 20f.*

In einem Waldkindergarten, wo Natur und Aktivitäten im Freien den Rahmen für den Alltag und die Aktivitäten bilden, schaffen die wechselnden Jahreszeiten einen natürlichen, übergeordneten Rhythmus. Frühling und Sommer sind wie das lange Ausatmen, bei dem sich die Natur mit Leben und Licht füllt. In dieser Zeit nehmen wir unzählige Sinneseindrücke in uns auf, wir sind nach außen gewandt und saugen alles um uns herum auf, während wir uns im Winter eher uns selbst zuwenden und einatmen. Dann lassen wir stärker los, und das Leben zieht sich wie in einen Winterschlaf zurück. Der Winter ist die Zeit der Reflexion und der Gedankenarbeit. Der gleiche Rhythmus findet sich in gewisser Weise auch inner-

Gesichtspunkte zur Langeweile

Manchmal langweilt man sich – doch das ist auch gesund und natürlich. Manche behaupten sogar, Langeweile sei der Nährboden für Kreativität. Langeweile ist möglicherweise ein Anzeichen dafür, dass eine bestimmte Entwicklung einsetzt. Man kann sie auch als Phase zwischen Ein- und Ausatmen charakterisieren – als einen Raum, in dem man sich plötzlich selbst spürt. Für einige Kinder ist ein solcher Zustand eine Herausforderung. Damit sie aus dieser Stimmung herausfinden, sind handwerkliche und kreative Aktivitäten oder Streifzüge im Wald eine gute Hilfe. Wenn Kinder daran gewöhnt sind, immer mit Erwachsenen zu spielen oder vom iPad und vom Fernsehen unterhalten zu werden, nehmen ihre natürlichen Fantasie- und Willenskräfte ab und werden passiv. Dann kann Langeweile wirklich zu einer Herausforderung werden.

Wir müssen uns also nicht unbedingt Sorgen machen, wenn ein Kind sagt, ihm sei langweilig, sondern können dies stattdessen als Ausdruck dafür sehen, dass sich das Kind an einer Schwelle befindet, an der ihm bewusst wird, dass sich etwas Neues ankündigt. Wir können vorleben, dass es in Ordnung ist, sich ein wenig zu langweilen. («Du wirst bestimmt bald Lust auf etwas Neues bekommen.»)

Wenn die Findungsphase zu lange andauert, kann man auch durch die Sinne Anregungen finden – etwa indem man auf dem Rücken liegt und Wolken beobachtet. Oder: Das Kind liegt auf einer Decke und schließt die Augen – was kann es hören? Können die Geräusche nachgeahmt werden? Woher kommen die Geräusche wohl? Wenn die Sinne angeregt werden, wird die Vorstellungskraft geweckt, und dann ist es nicht mehr weit bis zu einem neuen Spiel.

Kinder freuen sich darüber, Dinge im Wald zu finden und zu sammeln; tatsächlich können sie davon gar nicht lassen. Sitzen sie in einer Gruppe zusammen, können wir ihnen unterschiedliche Dinge aus der Natur in einem Korb präsentieren, und jeder kann sie berühren und mitraten, was das für Dinge sind und wie sie heißen. Wir können in kleinen Gruppen spazieren gehen, spannende Materialien in einem Korb sammeln und uns zum Schluss alle wieder treffen und uns gegenseitig zeigen, was wir gefunden haben. Um der Fantasie ein wenig auf die Sprünge zu helfen und die kreativen Prozesse im Spiel zu unterstützen, haben wir immer einen Kinderwagen voller Schnitzmesser, Nähzubehör, Buntstifte, Schnüre, Schleifpapier usw. dabei.

Das Kind lehnt an einem Baum.
Die Erzieherin fragt: «Bist du müde?»
Das Kind antwortet: «Nein. Ich sitze und langweile mich.
Das Spielen macht so viel Spaß, wenn man sich davor gelangweilt hat.»

halb eines Tages wieder, wo wir am Morgen und am Tag im Prozess des Einatmens leben, am Abend und in der Nacht im Prozess des Ausatmens.

In der Natur spüren wir nach einem langen Winter unseren Hunger nach dem Frühling. Wir genießen es sehr, wenn wir die ersten Triebe aus dem Boden sprießen sehen und sich die Blütenknospen vor unseren Augen entfalten. Das Gefühl für die Gegenwart erwacht, wir erleben uns im Hier und Jetzt. Scheint dagegen der Winter gar nicht aufzuhören und der ersehnte und so dringend benötigte Jahreszeitenwechsel lässt auf sich warten, empfinden wir das wie ein sehr langes Einatmen.

Wir können auch Parallelen im Tagesrhythmus des Kindes sehen: Verharren wir zu lang bei einer einzigen Aktivität, fühlt sich dies für das Kind wie ein unausgeglichener Atemzug an. Im pädagogischen Zusammenhang können wir einige Aktivitäten mit einem Einatmen vergleichen, etwa Singspiele, Gruppenaktivitäten und von Erwachsenen geleitete Aktivitäten; hier erhält das Kind Eindrücke und Anregungen. Im freien Spiel dagegen *atmet* es *aus* – hier kann es alle Eindrücke wieder nach außen setzen, kann sie sich «von der Seele spielen» und sie dadurch verarbeiten.

Man merkt sehr deutlich, wenn das Gleichgewicht zwischen Einatmen und Ausatmen nicht optimal ist: Die Kinder sind frustriert. Entweder dauert die von Erwachsenen geführte Aktivität oder das freie Spiel zu lang. Man kann nicht ununterbrochen einatmen; das Bedürfnis, auszuatmen, macht sich mit einer Kraft geltend, die nicht ignoriert werden kann. Wenn das Ausatmen schließlich stattfindet, tritt die Entspannung ein. Was eingeatmet wurde, kann aufgenommen und verarbeitet werden. Daher ist die Möglichkeit des freien Spiels für Kinder so elementar wichtig.

Uns Erwachsenen sagt unsere innere Uhr, wenn wir hungrig und müde sind – ein deutliches Zeichen dafür, dass der Rhythmus in uns lebt. Die Waldorfpädagogik sieht den Atemrhythmus im Zusammenhang mit dem geistigen Wohlbefinden und dem Gefühlszustand des Kindes. Atmung und Puls werden von Emotionen und Gedanken beeinflusst: Bei Angst wird der Atem flach und kurz, Wut lässt das Herz schneller schlagen, wir erröten usw. Deshalb achten wir darauf, dass wir durch einen rhythmischen Alltag die Atmung der Kinder unterstützen. Sie ist ein Ausdruck für deren Wohlbefinden; in der kindlichen Atmung zeigt sich auch unser Vermögen, einen harmonischen Rhythmus im täglichen Leben zu schaffen.

Tages- und Wochenrhythmen – Gewohnheiten und Wiedererkennbarkeit

Die Tages- und Wochenrhythmen entfalten sich in der Kinderinsel Bonsai in einem soliden, verlässlichen Rahmen, in dem sich das Kind wohlfühlen und entwickeln kann. Kinder sind sehr empfindlich gegenüber Brüchen im Rhythmus, sie haben ein großes Bedürfnis nach Vorhersehbarkeit. Ein Rhythmus gibt ihnen mehr Sicherheit, denn es macht sie nicht glücklich, wenn sie zu viele Gedanken darauf verwenden müssen, was künftig wohl passieren wird. Wenn der Rhythmus in ihnen lebt, ruhen sie in sich und spüren vollkommene Geborgenheit und Zuversicht – was ihnen wiederum optimale Bedingungen für die Aufnahme der Sinneseindrücke und für das Lernen bietet.

Wir müssen uns die Perspektive der Kinder vor Augen führen und uns daher immer wieder fragen, wie etwas auf sie einwirkt: Ist der Rhythmus gleichmäßig und harmonisch? Oder gibt es zu viele Wechsel, die zu Chaos führen? Kinder brauchen einen Rhythmus mit einem spürbaren und sinnvollen Fluss, in den sie eintauchen können. Er sorgt für ein ausgeglichenes Atmen und für Ruhe im Nervensystem.

In Bonsai pflegen wir einen Wochenrhythmus, der es ermöglicht, dass bestimmte Aktivitäten mit bestimmten Wochentagen verbunden sind: Der Dienstag ist unser Ausflugstag, am Mittwoch ist Maltag, Donnerstag Backtag, Freitag Lagerfeuertag usw. Ein vorhersehbarer Wochenrhythmus ist gut für das Wohlbefinden der Kinder. Zudem haben die Erzieherinnen und Erzieher gedanklich mehr Freiraum und können sich auf andere Dinge konzentrieren, weil der wöchentliche Rhythmus eine Struktur hat und man den Tag und die Woche leichter planen kann; man muss nicht jeden Tag das Rad neu erfinden.

In unserem Kindergarten suchen die einzelnen Gruppen im Wechsel verschiedene Aufenthaltsorte im Wald auf, sodass zum Beispiel die Waldbeergruppe montags auf dem «großen Hügel», am

Mittwoch beim «hohlen Baum», am Donnerstag auf dem Indianerplatz und freitags im Garten spielt. Dadurch kommen alle Gruppen im Laufe einer Woche an gewohnte Orte zurück und erleben den Wochenrhythmus sowohl durch ihre Aufenthaltsorte als auch durch die entsprechenden Aktivitäten. Wir bemerken, dass es den Kindern guttut, an ihnen bekannte Orten zurückzukehren.

Ausflugstag

Wir haben einen festen Ausflugstag pro Woche, an dem wir die unmittelbare Umgebung erkunden. Wir können uns ob unserer Möglichkeiten glücklich schätzen – wir gehen zum Strand, in den Park und erkunden verschiedene Orte im Wald. Wir gehen um 9 Uhr los und versammeln uns zu unserem Morgenkreis, wenn wir an unserem Aufenthaltsort für den Tag angekommen sind. Nach den Morgenliedern wird neugierig die Gegend erkundet, und hier und da entstehen kleine und große Spielsituationen. Wir essen unsere mitgebrachten Brote, die unsere «Essensmutter» uns vorbereitet hat – meistens Roggenbrot mit verschiedenen vegetarischen Aufstrichen. Nach dem Essen gehen wir spazieren und halten unterwegs an und spielen, fischen, sammeln, bauen eine Höhle oder machen ein Lagerfeuer. Zum Kindergarten kommen wir gegen 14.20 Uhr zurück.

Ob man sich im Wald oder in der Stadt aufhält – es ist immer gut, sich eine Übersicht der geeigneten Plätze in der näheren Umgebung zu verschaffen. Wo warten spannende Erlebnisse auf uns? Wo gibt es entsprechende Bäche, Hänge, Kletterbäume, einen passenden Strandabschnitt, einen Hafen, interessante Höhlen, Lagerfeuerplätze, Museen, Parks, ein Wertstoffzentrum, einen Bauernhof, einen Imker oder einen Obstgarten? Es kann sinnvoll sein, wenn wir uns eine kleine Landkarte anlegen oder mit Leuten vor Ort vereinbaren, ob und wann wir sie mit den Kindern besuchen dürfen.

Übergänge

Wenn wir mit Kindern zusammen sind, müssen wir die Grundlagen für Kooperation legen. Oft geht es darum, dass wir Erwachsenen wollen, dass die Kinder uns folgen. Sind sie beispielsweise gerade in ein spannendes Spiel vertieft, bedeutet es eine Unterbrechung für sie, wenn wir uns im Morgenkreis treffen wollen. Bei allen notwendigen Übergängen im Alltag einer Kindergruppe sollten wir versuchen zu verstehen, dass es für die Kinder möglicherweise sehr störend ist, wenn sie mitten in einem Spiel oder einer Aktivität unterbrochen werden. Ein klarer Rhythmus kann die Übergänge für das Kind natürlicher gestalten, enthebt uns jedoch nicht der Notwendigkeit, für gute Übergänge zu sorgen. Als Erzieherinnen müssen wir künstlerische Szenenwechsel und kleine zauberhafte Veränderungen einbauen – Magie –, bei denen das Neue und der Übergang vom einen ins andere lebendig gemacht wird, etwa durch den Einsatz von Liedern, kleinen Geschichten, motivierender und klarer Körpersprache. Das alles sind wertschätzende und motivierende Handlungen, die einen fruchtbaren Boden für die Zusammenarbeit zwischen Kindern und Erwachsenen schaffen. Vom Erwachsenen verlangt dies Mut, Engagement, Präsenz und Freude, damit er die Begegnung mit dem Kind und den Übergang gut gestalten kann. Doch das ist eine lohnende und wichtige Investition in die Erziehungsarbeit, denn wenn der «Szenenwechsel» gelingt, werden die täglichen Übergänge geschmeidig und harmonisch, und die Kinder sind kooperativ und folgen gern.

Der Rhythmus zwischen Draußen und Drinnen

Selbst wenn wir ein Waldkindergarten sind und die Natur als Rahmen gewählt haben, ist es dennoch wertvoll, auch Zeit drinnen zu verbringen. Deshalb sind wir für manche Mahlzeiten und einige geleitete Aktivitäten im Haus, und freies Spiel findet zum Teil ebenfalls dort statt. Jede Gruppe hat ihren eigenen Gruppenraum, sodass man zu etwas Bekanntem zurückkommt, wenn man drinnen ist.

Im größeren Zusammenhang gesehen, haben wir einen Sommerrhythmus und einen Winterrhythmus. Im Frühling, Sommer und Herbst sind wir vorzugsweise draußen und nur wenige Male wöchentlich drinnen. Im Winter haben wir jeden

Tag feste Zeiten, zu denen wir uns abwechselnd im Haus und im Freien aufhalten. Ein gleichbleibender Rhythmus ist hier sicher von Vorteil, um den Kindern mehr Sicherheit und Ruhe zu geben, weil sie diese Abfolge verstehen. Wenn wir auch in den Sommermonaten bewusst drinnen sind, so tun wir dies, weil die Fähigkeiten, sich drinnen zu beschäftigen, ebenfalls geübt werden sollen. Wären wir pausenlos und ausschließlich draußen, würden wir all die Herausforderungen vermeiden, die mit dem An- und Ausziehen, dem Aufräumen, den Verhaltensregeln im Haus, dem Regulieren des Geräuschpegels usw. verbunden sind. Doch es ist wichtig, dass die Kinder lernen, sich an verschiedene Situationen anzupassen.

Wir merken, dass besonders der Übergang zwischen Sommer- und Winterrhythmus für die Erwachsenen recht anspruchsvoll ist. Aufmerksamkeit, Planung und Präsenz sind notwendig, damit der Wechsel zu dem neuen Rhythmus funktioniert und er den Kindern auch einleuchtet. Die Umgebung im Haus stellt andere Anforderungen an unser Verhalten und verlangt andere Einschränkungen, als es beim Wald der Fall ist. In Innenräumen merken wir schneller, wenn der Geräuschpegel zu hoch wird, wenn in der Kindergruppe Konflikte auftauchen, außerdem gibt es deutliche Grenzen, wie sehr die Kinder rennen und hüpfen können, ohne dass die Situation zu wild und zu unruhig wird. Unsere Gruppenräume sind nicht übermäßig groß; daher muss alles sorgfältig aufeinander abgestimmt werden. Und weil wir davon ausgehen, dass Ruhe sehr wichtig ist, damit die Kinder ohne Ablenkung ins Spielen eintauchen können, teilen wir die Kindergruppe oft noch einmal, sodass die zwei Gruppenhälften jeweils im Wechsel drinnen spielen. So haben die anwesenden Kinder mehr Raum und weniger Lärm, und in der Garderobe ist es nicht so gedrängt, was auch für die Erwachsenen angenehmer ist.

Wir richten es immer so ein, dass die beiden Teilgruppen zusammen essen und auch zusammen Märchen hören. Es ist eine Kunst, an solche Übergänge zu denken, aber für das Kind entsteht dann eine ganz andere Stimmung, und es bekommt mehr Energie, wenn nicht zu viel Chaos um es herum herrscht.

Wenn wir Rhythmus auf diese Weise üben, haben wir immer die Möglichkeit, nach drinnen zu gehen, es ist uns aber genauso gut möglich, die ganze Zeit draußen zu verbringen. Man kann auch draußen ein Gefühl des «Drinnen» und umgekehrt schaffen, zum Beispiel mit einem Zelt, einem Segel oder an einer Stelle, wo man den Kindern ein wenig Schutz bieten kann. Kindergärten, deren Konzept ganz auf den Aufenthalt in der Natur ausgerichtet ist, müssen die Gegebenheiten im Freien gut bedenken, etwa wo man sich aufwärmen kann, wo es Feuerplätze, Unterstände, Möglichkeiten zum Unterschlüpfen gibt und welche Orte Schutz vor den Elementen bieten.

Die Bedeutung von Rhythmen für Lernen und Entwicklung

Rhythmen sind wichtig, damit Kinder lernen können. Zum einen umfasst der Rhythmus Perioden mit wechselnden Inhalten, mit Pausen und Aktivitäten, zum anderen setzt er einen vertrauten und sicheren Rahmen für das Kind, den es für seine Entwicklung und sein Lernen braucht.

Die Lern- und Lebensumgebung von Kindergärten und Kindertagesstätten kann in drei Bereiche des Lernens und des Zusammenlebens unterteilt werden (Elverkilde 2017):

- *Bildungsangebote:* kreative und körperliche Aktivitäten, die vom pädagogischen Personal geplant und durchgeführt werden
- *pädagogische Routinen:* tägliche Aufgaben und Gewohnheiten, die mit dem Erfüllen der kindlichen Grundbedürfnisse in Zusammenhang stehen.
- *Spiel- und Kinderkultur:* selbstorganisiertes Spiel und Alltagskultur der Kinder.

Alle drei Bereiche sind wichtig für die gesunde Entwicklung des Kindes. Insbesondere erzieherische Gewohnheiten (also der zweite Bereich) bergen ein erhebliches pädagogisches Potenzial, das leicht übersehen werden kann, wenn man nicht bewusst seine Aufmerksamkeit darauf richtet. Wenn man nicht denkt oder den Eindruck erweckt, Mahlzeiten, Schlafphasen und das An- und Ausziehen seien Aktivitäten, die nur erledigt werden müssten, sondern diese Routinehandlungen als Ausgangspunkt für eine bedeutsame erzieherische Tätigkeit nimmt, kann man klare Aufgaben für das Kind formulieren und mit unterschiedlichen konkreten Methoden der Ausführung arbeiten; dadurch erlebt sich das Kind selbst als handelnden Akteur (Elverkilde 2017). Die Routinen erfordern einen hohen pädagogischen Reflexionsgrad, da sie sonst auch für die Erwachsenen zu unbewussten Gewohnheiten werden können – im schlimmsten Fall zu schlechten Gewohnheiten. Es liegt in der Verantwortung der Erwachsenen, sicherzustellen, dass Kinder aktive Mitschöpfer beim Erwerb ihrer kulturellen Kompetenzen sein können (Elverkilde 2017).

Beispiel für einen Tagesrhythmus

Unser Tagesablauf im Waldkindergarten sieht folgendermaßen aus:

6.25 Uhr: Der Kindergarten öffnet – die ersten Kinder treffen normalerweise erst gegen 7.30 Uhr ein. Wir beginnen den Tag ruhig in unserem Garten, wo die Kinder spielen, zeichnen, sich im Sandkasten vergnügen oder in ihrem Lieblingsbaum sitzen und sich einen Überblick verschaffen.

8.50 Uhr: Der Bus mit den Kindern aus der Stadt kommt an, und alle Kinder und Erwachsenen begeben sich in ihre Gruppen.

9.00 Uhr: Wenn alle versammelt sind, beginnt das Singspiel des Tages – ein wichtiger Moment des Tagesablaufs, in dem wir uns in einem Kreis zusammenfinden und Kontakt zur Gemeinschaft herstellen. Alle Kinder werden im Morgenkreis beim Namen genannt, damit jede und jeder sich gesehen und in die Gruppe aufgenommen fühlt.

9.30–11.00 Uhr: Wir gehen zum Aufenthaltsort des Tages, der je nach Wochentag an einem anderen Ort in der Natur ist. Die Erwachsenen bereiten die Vormittagsbrotzeit vor, für die Kinder gilt freies Spiel. Je nachdem, welches Jahreszeitenfest vor der Tür steht, regt ein Erwachsener dazu passende Aktivitäten an. Ein anderer Erwachsener bereitet das Mittagessen vor, wobei normalerweise ein paar Kinder sich zu ihm gesellen und ihn fragen, ob sie mithelfen dürfen. Eignet sich das Wetter nicht zum Draußensein, was selten der Fall ist, gehen wir in die Gruppenräume und erst nach dem Mittagessen wieder nach draußen. Im Winter sind wir normalerweise von 10.00 bis 12.30 Uhr drinnen.

11.30 Uhr: Mittagessen.

13.00 Uhr: Die Erzieherinnen erzählen ein Märchen – oft als Puppentheaterspiel. Das Märchen passt zur Jahreszeit.

13.20–14.00 Uhr: Freies Spiel.

14.00 Uhr: Wir nehmen eine leichte Nachmittagsbrotzeit zu uns und beenden den gemeinsamen Tag mit einem Nachmittagskreis, wo wir unser Abschiedslied singen.

14.40 Uhr: Der Bus fährt in die Stadt zurück.

14.40–16.00 Uhr: Die Kinder, die nicht den Bus nehmen, werden in diesem Zeitraum in Charlottenlund abgeholt. Sie sind währenddessen gemeinsam, in einer großen Gruppe, im Garten und erfinden neue Spiele oder zeichnen ein wenig und atmen nach den Aktivitäten des Tages aus.

16.00 Uhr: Der Kindergarten schließt. Danke für einen wunderschönen Tag!

Alle Sinne – jeden Tag

> «Das Kind ist im Ganzen Sinnesorgan. Man kann schon sagen: Wenn wir erwachsen sind, haben wir Geschmack im Munde, auf dem Gaumen, auf der Zunge. Das Kind fühlt den Geschmack viel tiefer hinunter in seinen Organismus, das Geschmacksorgan dehnt sich sozusagen durch einen großen Teil des Körpers aus. So die anderen Sinne. Die Lichteindrücke verbinden sich beim Kinde innig mit den Atmungsrhythmen, sie gehen hinunter in die Blutzirkulation. Dasjenige, was der Erwachsene abgesondert im Auge erlebt, erlebt das Kind durch den ganzen Leib hindurch, und ohne dass Überlegung dazwischentritt, kommen die Willensimpulse unmittelbar wie Reflexerscheinungen beim Kinde zutage. [...] So wirkt der ganze Leib des Kindes wie ein Sinnesorgan reflexartig gegenüber dem, was in der Umgebung vorgeht.»
>
> *Rudolf Steiner, GA 308, 1924, S. 14*

Wir betrachten das Kind als ein Sinneswesen; es begreift seine Umwelt in den ersten Lebensjahren vor allem durch seine Sinne. Steiner hat ausführlich beschrieben, wie die Sinne auf uns wirken. Sie sind die Instrumente, mit denen wir der Welt begegnen. Das kleine Kind kann als ein einziges großes Sinnesorgan angesehen werden. Es nimmt die Welt in sich auf und filtert seine Eindrücke noch kaum.

Das Kind lernt und erwirbt alles durch seine Sinne, die sehr empfänglich und offen sind. Deshalb ist die Umgebung, in der es sich aufhält, der Keim für seine weitere Entwicklung. Die Waldorfpädagogik achtet darauf, dass in den ersten sieben Lebensjahren vorrangig die Bedürfnisse des Körpers gestillt werden. Das Kind muss rausgehen und sich bewegen, es muss Schlamm zwischen den Fingern und am besten auch zwischen den Zehen fühlen, es muss, allgemein gesagt, die Welt *spüren*, anstatt sie durch intellektuelle Erklärungen präsentiert zu bekommen. Wir glauben, dass körperliche Entfaltung die Voraussetzung ist, um später Intellektuelles erfassen zu können. «Der Mensch muss greifen, bevor er begreifen kann», lautet ein Sprichwort, auf dem auch die Erfahrungspädagogik aufbaut. Das grundlegende körperliche Lernen ist absolut notwendig für jedes spätere Lernen.

Die Natur ist eine wahre Fundgrube an Möglichkeiten, um die Welt mit den Sinnen zu erleben. Wir beobachten, dass die Kinder regelrecht danach verlangen, dass ihre Neugier geweckt wird. Sie sind von allem fasziniert, was lebt und sich bewegt. Wenn wir mit ihnen im Wald sind, ist es selten notwendig, Raum zum Spielen in der Natur zu schaffen, er entsteht meistens ganz von selbst. Trotzdem müssen wir uns ständig überlegen, ob unser Aufenthaltsort viele und unterschiedliche Sinnesanregungen ermöglicht. Die Freude ist groß, wenn wir an einem Waldplatz mit viel Matsch spielen, aber wenn es dort nur Matsch gibt, wird auch diese Erfahrung zu eintönig. Wir haben einen schönen Garten, was aber noch nicht bedeutet, dass ein Garten schon alle Erfahrungen und Herausforderungen bietet, die die Kinder brauchen. Es erfordert Zeit, für reichhaltige Spielmöglichkeiten zu sorgen – mit Dingen und Orten, die die Kinder untersuchen und in die sie sich vertiefen können. Sind diese Möglichkeiten nicht gegeben, bemerken wir schnell eine Unruhe bei den Kindern, die in Streitigkeiten ausarten kann.

In unserem Waldkindergarten haben wir die Ästhetik der Einrichtung im Blick, sowohl draußen als auch drinnen, denn wir sind davon überzeugt, dass unsere Stimmung, unser Gemütszustand, von unserer Umgebung beeinflusst wird: Wie sieht sie aus, wie klingen die Geräusche und wie ist das Licht um uns herum? Wie fühlt sich etwas an, wenn man seine Oberflächen berührt? Und welche Düfte umgeben uns? Für unseren Jahreszeitenschmuck bringen wir Materialien aus der Natur in unsere Räume: Wir stellen eine kleine Blume in eine Vase oder legen Kastanien und buntes Laub auf den herbstlich geschmückten Jahreszeitentisch, der die Jahreszeitenstimmung der Natur widerspiegelt. Das Spielzeug kann aus Naturmaterialien bestehen – etwa aus Tannenzapfen in einem Korb, aus Steinen, Holzstücken, Muscheln usw. –, die das Spiel in den Innenräumen bereichern. Es schenkt uns ein Gefühl der Zusammengehörigkeit, wenn wir Synchronizität zwischen innen und außen schaffen. Die Einrichtung des Gruppenraums erfordert ebenso viel Aufmerksamkeit wie die Gestaltung der Außenumgebung, damit die Kinder gute Spielmöglichkeiten haben und Momente, in denen sie sich vertiefen können. Wir müssen außerdem darauf achten, dass sie genug Raum zum Bewegen haben. Leider sehe ich bei meinen Besuchen viele Kindergärten, die im Innen- wie im Außenbereich zu üppig – mit zu vielen Dingen – ausgestattet sind. Doch ein Übermaß an Gegenständen schafft Unordnung; das kann die Sinne überreizen. Wenn Kinder spielen, brauchen sie die Möglichkeit, ihr Spiel weiterzuentwickeln; das führt zwar ebenfalls leicht zu einer Unordnung, die aber völlig normal ist. Das anschließende Aufräumen wird dann zu einem gemeinschaftlichen Prozess.

Echte Sinneserfahrungen entwickeln das kindliche Gehirn

Beim Vorschulkind müssen in erster Linie die Körpersinne angeregt werden. Es ist wichtig, dass dafür genügend körperliche Entfaltungsmöglichkeiten zur Verfügung stehen. Durch die unteren Sinne, die Basal- oder Körpersinne, wird die körperliche Entwicklung gefördert. Gleichzeitig mit dem übrigen Körper entwickelt sich das Gehirn, weil alle körperlichen Erfahrungen Signale ans Gehirn senden, das aufgrund seiner Plastizität stimuliert wird und sich durch alle Sinneseindrücke und deren Verarbeitung ausformt. Deshalb muss das Kind die Möglichkeit haben, zu rennen, zu klettern, herumzutollen, auf dem Kopf zu stehen, Purzelbäume zu schlagen und zu balancieren. Stürmen zu viele Eindrücke und zu viele Bilder gleichzeitig unmittelbar auf den Sehsinn ein, führt dies oft zu einer Überreizung. Und wenn ein Kind nur zweidimensional funktionierendes Spielzeug erlebt, wie das bei Bildschirmmedien (Tablets und Smartphones) der Fall ist, nimmt es auch nur zwei Dimensionen wahr; viele Sinne werden dann nicht angesprochen.

Rudolf Steiner sieht einen klaren Zusammenhang zwischen Sinneseindrücken und der Entwicklung des Gehirns:

> «Es bildet sich ein gesundes Sehen aus, wenn man die richtigen Farben- und Lichtverhältnisse in des Kindes Umgebung bringt, und es bilden sich in Gehirn und Blutumlauf die physischen Anlagen für einen gesunden moralischen Sinn, wenn das Kind Moralisches in seiner Umgebung sieht. [...] Wie die Muskeln der Hand stark und kräftig werden, wenn sie die ihnen gemäße Arbeit verrichten, so wird das Gehirn und werden die anderen Organe des physischen Menschenleibes in die richtigen Bahnen gelenkt, wenn sie die richtigen Eindrücke von ihrer Umgebung erhalten. Ein Beispiel wird am besten anschaulich machen, um was es sich handelt.
> Man kann einem Kinde eine Puppe machen, indem man eine alte Serviette zusammenwindet, aus zwei Zipfeln Beine, aus zwei anderen Zipfeln Arme fabriziert, aus einem Knoten den Kopf, und dann mit Tintenklecksen Augen und Nase und Mund malt. Oder man kann eine sogenannte ‹schöne› Puppe mit echten Haaren und bemalten Wangen kaufen und sie dem Kinde geben. [...] Wenn das Kind die zusammengewickelte Serviette vor sich hat, so muss es sich aus seiner Fantasie heraus das ergänzen, was das Ding erst als Mensch erscheinen lässt. Diese Arbeit der Fantasie wirkt bildend auf die Formen des Gehirns. Dieses schließt sich auf, wie sich die Muskeln der Hand aufschließen durch die ihnen angemessene Arbeit. Erhält das Kind die sogenannte ‹schöne Puppe›, so hat das Gehirn nichts mehr zu tun.»
>
> *Steiner, GA 34, 1907, S. 325 u. 327*

Es ist wichtig, dass die Kinder die dreidimensionale Welt erleben, in der sie all ihre Sinne gebrauchen und herausfordern, das Gleichgewicht trainieren, ihre motorischen Fähigkeiten entwickeln und spüren können, dass die Materialien, mit denen sie spielen, echt und anregend sind. Einfache und unverfälschte Materialien ermöglichen gute Sinneserfahrungen und regen das kindliche Lernen an.

Viele Spielzeuge bestehen heute aus Kunststoff und erwecken den Anschein von realen Dingen, wie Telefone, Registrierkassen, Küchenutensilien und Werkzeuge. Kunststoff hat einige praktische Vorteile: Er ist billig, haltbar, leicht zu formen und kann in vielen Farben produziert werden. Er bietet aber nicht die gleiche Sinnesvielfalt wie echte, natürliche Materialien. Steine, Rinde, Holz, Metall, Glas, Beeren, Blätter, Nüsse, Zapfen, Wolle und Seide fühlen sich unterschiedlich an, riechen und klingen verschieden. Die sinnliche Erfahrung bietet den Kindern ein echtes Gespür für die Qualitäten und die Vielfalt der Materialien. Wir sind der Überzeugung, dass sich der Mensch durch die Anregung aller Sinne auch ganzheitlich und gesund entwickeln kann.

Steiners Anschauung der Sinne

Nach Steiner gibt es zwölf Sinne, die auf uns wirken und mit denen wir wahrnehmen. Er teilt sie in drei Bereiche ein: die unteren Sinne (auch «physische Sinne», «Körpersinne» oder «Basalsinne» genannt), die *mittleren* Sinne (die sogenannten «seelischen Sinne» oder «Gefühlssinne») und die *oberen* Sinne (die auch als «geistige Sinne» oder «soziale Sinne» bezeichnet werden) (Soesman 2019). Die Charakterisierung von unteren, mittleren und oberen Sinnen hat übrigens nichts mit ihrer räumlichen Lokalisierung zu tun, sondern bezieht sich auf Steiners Anschauung der Wesensglieder des Menschen, die auch mit den drei fundamentalen menschlichen Seelenkräften zusammenhängen: mit Denken, Fühlen und Wollen.

Zu den *unteren, physischen Sinnen* (die auf die Wahrnehmung des eigenen Körpers gerichtet sind und eine Verwandtschaft zum menschlichen Willen haben) gehören: Tastsinn, Lebenssinn, Bewegungssinn und Gleichgewichtssinn.

Die *mittleren, seelischen Sinne* (sie richten sich auf die Wahrnehmung des Verhältnisses von Mensch und Welt und sind eher gefühlsverwandt) sind: Geruchssinn, Geschmackssinn, Sehsinn, Wärmesinn.

Die *oberen, geistigen* oder *sozialen Sinne* (sie sind stärker auf das Innere der Außenwelt gerichtet) umfassen: Hörsinn, Sprachsinn, Gedankensinn und Ich-Sinn (Soesman 2019).

Beim Kind im Vorschulalter haben die Körpersinne (Tast-, Lebens-, Bewegungs- und Gleichgewichtssinn) den größten Einfluss auf seine Entwicklung. Es versteht sich daher auch von selbst, dass in dieser Lebensphase vor allem der Körper und nicht der Intellekt angeregt werden muss, damit das Kind gedeihen kann, bis es schließlich schulreif wird. Mit diesen vier basalen Sinnen nimmt sich der Mensch unmittelbar in seinem Körper und in seiner Relation zur Welt wahr, wie er sich körperlich innerhalb seiner Umgebung empfindet.

Der *Lebenssinn* gibt wieder, wie man sich im eigenen Körper fühlt; er bleibt oft unbemerkt, bis etwas ins Ungleichgewicht kommt, wenn man beispielsweise schlecht geschlafen hat. Durch diesen Sinn spürt man, wenn Grundbedürfnisse nicht erfüllt werden: Kälte, Hunger, Durst, Schlafentzug, Krankheit usw. Der *Bewegungssinn* ist in der Raumorientierung aktiv, er vermittelt, wie wir uns auf den Beinen halten, und macht es uns möglich, uns in der Umgebung zu bewegen. Der *Gleichgewichtssinn* schafft das Gefühl für den Raum und hat auch viel mit unseren Augen und Ohren zu tun. Der *Tastsinn* wird bei jeglichem physischem Kontakt aktiviert, bei allem, was die Haut berührt, einschließlich Schmerz, Druck und Streicheleinheiten.

Mit diesen Aspekten der Sinneslehre (hier vor allem bezüglich der Basalsinne) versuchen wir bewusst, die Bedürfnisse des kleinen Kindes nach Sinnesanregungen zu befriedigen, indem wir zum Beispiel ...

- ... dem Kind einen klaren und wiedererkennbaren Rhythmus vorgeben, der die Grundbedürfnisse wie Hunger, Schlaf, Durst usw. stillt. Wir achten darauf, dass der *Lebenssinn* durch wertvolle Anregungen versorgt wird.
- ... uns draußen und drinnen in abwechslungsreichen Umgebungen aufhalten, die viel Bewegungsfreiheit erlauben. Das stimuliert den *Bewegungssinn* und trägt dazu bei, dass sich Fein- und Grobmotorik gut entwickeln.
- ... vielfältige Bewegungsmöglichkeiten schaffen: Wenn Kinder die Gelegenheit haben, zu balancieren, zu klettern, sich mit dem Kopf nach unten hängen zu lassen usw., wird ihr *Gleichgewichtssinn* trainiert.
- ... auf bewusste Berührung achten: Durch Massage von Erwachsenen, durch Singspiele, indem wir natürliche Materialien zum Spielen anbieten und durch vieles mehr wird der *Tastsinn* entwickelt und angeregt.

In den Wald bringen wir selten Spielgeräte mit, aber im Garten, um das Haus herum, gibt es einen großen Sandkasten mit Töpfen, Krügen, Schaufeln, Tellern aus Emaille, Metall oder Holz. Vieles haben wir auf Flohmärkten gekauft. Sind die Spielgeräte aus echten, soliden Materialien hergestellt, etwa ein Topf aus Emaille oder Edelstahl, erleben die Kinder auch echte Sinneseindrücke. Ein richtiger Topf besteht aus Metall, das ein bestimmtes Gewicht hat, sodass sie beim Spielen Kraft und Gleichgewicht trainieren können; sie lernen, Dinge so zu benutzen, wie sie in der Wirklichkeit vorkommen. Hat das Kind die Gelegenheit, die echten Materialien zu spüren, wird auch der Spielprozess zu einer echten Begegnung mit der Welt, die seine Sinne stimuliert und ihm ermöglicht, die Materialien und verschiedenen Stoffe wiederzuerkennen.

Schnitzen mit dem Messer

Wenn wir den Kindergartenkindern beibringen, wie man Holz mit einem Messer schnitzt, ist das ein längerer Prozess, in dem sie schrittweise ihre Fähigkeiten entwickeln, mit einem scharfen Werkzeug umzugehen. Mit drei Jahren beginnen sie am besten mit einem Gemüsemesser zu üben. Dabei lernen sie Techniken und Regeln: wie man das Messer hält, wie man Hände und Arme beim Schnitzen bewegt, dass man immer

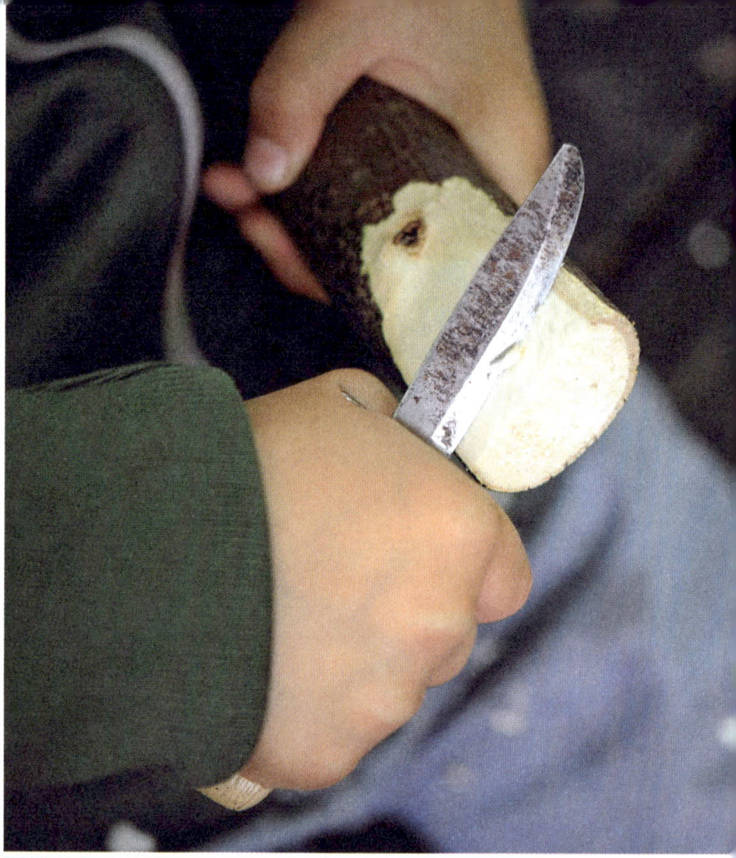

von sich weg schnitzen muss. Sobald das eingeübt ist, bekommen die Kinder die Möglichkeit, mit einem kleinen Kindermesser zu schnitzen. Bei uns gilt, dass beim Schnitzen ein Erwachsener in der Nähe sein muss und die Kinder die festgelegten Regeln befolgen müssen. Nach unserer Erfahrung ist das Schnitzen nicht gefährlich, solange die Regeln eingehalten werden. Und zugleich ist es eine Tätigkeit mit einem besonders großen pädagogischen Nutzen. Wenn es den Kindern erlaubt ist, das «richtige» Werkzeug zu verwenden, in diesem Fall ein echtes Schnitzmesser, erweisen sie sich als vertrauenswürdig und gehen mit großer Ehrfurcht und Respekt ans Werk.

Wir verbringen viel Zeit damit, mit den Kindern zu schnitzen, und versuchen dabei, gute Vorbilder zu sein. Wir sorgen dafür, dass rund um unsere Aktivität Ruhe und Konzentration herrschen, und helfen den Kindern, wenn sie uns brauchen. Wir bringen ihnen bei, dass sie beim Schnitzen mit Abstand voneinander sitzen müssen, und die neuen Kinder der Gruppe sitzen neben einem Erwachsenen, um die Technik zu erlernen. Oft sitzen wir im Kreis, und wenn man vorbeikommt, spürt man die besondere Stimmung von Aufmerksamkeit, Ausdauer und Arbeitslust der Kinder.

Wenn man Gegenstände aus Holz schnitzt, sind damit viele Aspekte verbunden: Man lernt die Technik, erlebt die Gemeinschaft in der Natur, erfährt, wie es ist, etwas selbst herzustellen, und erlebt den Prozess der Umgestaltung – dass ein Stock zu etwas anderem werden kann. Zum Schluss wird das Holzstück mit Sandpapier poliert, und das Kind erlebt, dass aus einem harten Rohstoff ein feines und weiches Produkt entstehen kann, wenn man sich anstrengt. Wir schnitzen Stäbe für unsere Pfingstvögelchen, Schwerter zum Michaelsfest, Flöten, Perlen zum Auffädeln, kleine Puppenfamilien, Mäuse und andere Tiere und alles, was aus der Fantasie heraus entsteht.

Beim Holzschnitzen mit einem Messer übt sich das Kind in einem Handwerk, bei dem viele Fertigkeiten gelernt werden; es kräftigt und fördert die Feinmotorik, die Konzentration, die Koordination und das Durchhaltevermögen. Das Kind entdeckt das Holz als Material durch seine Sinne und erlebt, dass manche Holzsorten härter, andere weicher und leichter zu schnitzen sind, dass Holz duften kann und verschiedene Farben, Strukturen und Eigenschaften aufweist. Wenn wir schnitzen, machen wir uns mit dem Material vertraut und sehen, wie es sich im Laufe des Prozesses verändert. Dadurch, dass das Kind an einer sozialen Interaktion teilnimmt und angeregt wird, in einen Prozess einzutauchen, wird sein Selbstwertgefühl gestärkt. Einige Kinder beherrschen die Technik schnell, andere brauchen mehr Zeit zum Üben. Wenn die Kinder vor Schulbeginn in die «Gruppe der Großen» kommen, wird ihnen ihr eigenes Schnitzmesser ausgehändigt. Die meisten nehmen es am letzten Kindergartentag stolz und andächtig mit nach Hause. Sie haben jetzt eine handwerkliche Fähigkeit erworben, die sie zu Hause weiter ausüben können.

Die Bedeutung handwerklicher Fähigkeiten

Das Spiel in der Natur schafft die Gelegenheit für eine *ästhetische Erfahrung* – damit ist gemeint, dass die Ästhetik die Sinne und die Fantasie anregt. Wir verstehen «Ästhetik» hier als die menschliche Fähigkeit, einen Stoff zu formen, etwa wenn wir Holz schnitzen. Das Astholz hat bereits durch die Natur einen bestimmten Ausdruck, und mithilfe des Messers setze ich meinen Sinn für Ästhetik ein und verleihe dem Stock eine neue Form. In dem Prozess der Materialformung liegt viel Potenzial für die physisch-motorische Entwicklung und infolgedessen auch Potenzial für die mentale Entwicklung. Vorstellungskraft und Fantasie werden angewendet, wenn wir die Möglichkeiten des Materials erkunden. Die Trennung zwischen Ästhetik und Alltagsleben bzw. täglicher Arbeit ist nach Ansicht der Psychologen Kaplan und Kaplan (in: Grahn et al. 2000) ein modernes Phänomen, das auch damit zusammenhängt, dass die meisten Menschen mehr konsumieren als produzieren. Mit Ton zu arbeiten, mit Holz zu bauen, Mehl mit Steinen zu mahlen, d.h. alle Situationen, in denen wir unsere Hände benutzen und dadurch unsere physische Umgebung prägen, waren bereits seit der Steinzeit eine grundlegende Möglichkeit, sich die Wirklichkeit verständlich zu machen. Eine ästhetische Erfahrung regt dazu an, etwas zu verstehen, sie motiviert einen, die Sache in einem anderen Licht zu betrachten. Anders ausgedrückt: Sie ist der Versuch, die Natur durch Kultur verständlich zu machen. Dadurch bilden sich – unter anderem – Gedankenstränge und Assoziationen. Das Spiel, der innere Flow, das Spielen mit einer Bedeutung, das Naturerlebnis: all diesen Vorgängen und Erfahrungen ist gemeinsam, dass sie Elemente eines ästhetischen Vergnügens enthalten, durch die der Mensch einen unmittelbaren Zugang zu seinem eigenen Inneren bekommt. Wenn ein Kind mit Sand spielt, gelangt es dabei möglicherweise zu einer ähnlichen ästhetischen Erfahrung. Es lädt dadurch seine Batterien in ähnlicher Weise auf, wie es Erwachsene tun, wenn sie sich in der Natur aufhalten.

Digitale Medien und Bildschirmzeit

In den letzten Jahren haben die digitalen Medien – Computer, Tablets und Smartphones – unseren Alltag und auch das Leben unserer Kinder immer stärker geprägt. Sogar in Kindergärten und Krippen wurden iPads als Spiel- und Lehrmittel eingeführt. Angeblich, so der allgemeine Tenor, liegt in diesen kleinen Geräten die Zukunft unserer Kinder, und wenn sie nicht schon im Kindergartenalter lernen, sie zu benutzen, hinken sie in ihrer Entwicklung hinterher.

Doch wir sind der Meinung, dass es für die Kinder nicht gut ist, schon so früh in ihrem Leben vor einem Bildschirm festgehalten zu werden – es nimmt ihnen wertvolle Zeit, in der sie spielen, sich bewegen, sich selbst spüren und Natur und Welt kennenlernen sollten. Echte Sinneserfahrungen sind, wie wir gesehen haben, elementar wichtig für die Entwicklung des kindlichen Gehirns; es ist der Geschmack von Brombeeren, das Gefühl, eine Rinde oder eine Maus berührt zu haben, und all die anderen Wahrnehmungen der Dinge, die die Kinder sinnlich berühren. Diese Art von Erfahrungen ist es, die sie mit der Umwelt vertraut macht und die in ihnen Erkenntnis auslöst, weil sie etwas am eigenen Leib erfahren haben.

In der Kinderinsel Bonsai haben wir uns bewusst dafür entschieden, ein medienfreier Bereich zu sein, d.h. keine Telefongespräche zu führen und keine Medien im Alltag zu verwenden, da wir merken, dass durch die Medien die Aufmerksamkeit von den Kindern weggelenkt wird und die unmittelbare Nähe zwischen den Menschen abnimmt. Wir Erwachsenen müssen Präsenz schaffen und gute Vorbilder sein, weshalb wir auch bei der Mediennutzung mit gutem Beispiel vorangehen müssen.

Es ist ein ärgerlicher und besorgniserregender Trend, dass Kinder unter sieben Jahren digitale Medien in dem Ausmaß nutzen dürfen, wie das bei vielen der Fall ist. Wir erleben, dass die Kinder passiv oder hyperaktiv werden – und beides ist ein Ausdruck dafür, dass ihre Grundbedürfnisse nicht erfüllt werden und aufgrund der übermäßigen Nutzung von digitalen Medien eine Überreizung eintritt.

Kinder müssen sich bewegen und ihre motorischen Fähigkeiten ausbilden dürfen. Das ist entscheidend für ihre Gehirnbildung, ihre weitere Entwicklung und ihre späteren Lernmöglichkeiten. Je mehr sie spielen und sich bewegen, desto mehr Synapsen (Verbindungen zwischen Nervenzellen) werden im Gehirn gebildet. Kinder brauchen Sinneserfahrungen statt Medienkonsum. Sie müssen rausgehen und im Herbst die Blätter des Waldes unmittelbar spüren, statt sie auf einem Bildschirm anzustarren, denn wenn sie selbst draußen sind und sich für die sinnlichen Erfahrungen öffen, werden die Sinneseindrücke in ihrem Gedächtnis gespeichert. So wie man sich zum Beispiel auch besser an Musik erinnert, die man live in einem Konzert gehört und nicht nur im Fernsehen oder Radio mitbekommen hat. Dann ist man von der Erfahrung ganz umgeben, sie verbindet mehrere Sinne miteinander.

Die Erfahrung hat gezeigt, dass das, was ein Kind sieht, Auswirkungen auf seine Psyche hat, und aus Erfahrung wissen wir ebenfalls, dass es das System, das Gefühlsleben des Kindes, auch wieder verlassen muss (siehe S. 132). Das Kind nimmt in Filmen und Computerspielen Eindrücke auf, die danach seine Träume, sein Spiel und seine Gefühle beeinflussen.

In unserem Waldkindergarten können wir an Kindern deutlich beobachten, wenn sie viel ferngesehen haben, beispielsweise schon morgens vor dem Kindergartenbesuch. Wenn sie bei uns ankommen, fällt es ihnen schwer, das, was sie im Film, im Computerspiel oder im Fernsehen in sich aufgenommen haben, wieder aus sich «herauszuspielen»; das beeinträchtigt ihre Präsenz und ihre Fähigkeit, die Natur im Hier und Jetzt zu spüren. Sie sind in einem Spiel gefesselt, das ihre Aufmerksamkeit von den natürlicheren Rollenspielen abzieht. Es ist auch für das soziale Gefüge der Gruppe ungünstig, weil in der Kindergruppe Ausschlussmechanismen entstehen, wenn nur einige wenige dieses Universum kennen, von dem das Spiel handelt. Leider werden auch einige kleinere Kinder mit Filmen, Fernsehserien und Computerspielen konfrontiert, die absolut nicht für sie geeignet sind.

Selbstverständlich haben digitale Medien ihren Wert und eine Reihe von Vorteilen, aber wir wissen immer noch sehr wenig darüber, wie der Medienkonsum kleiner Kinder langfristig deren Entwicklung und deren Wohlbefinden beeinflusst. Immerhin aber können wir feststellen, dass jene Menschen, die unsere heutigen Medien entwickelt haben, sie selbst als Kinder nicht nutzten. Es gibt also keinen Grund zu befürchten, dass die Kinder von heute hinter der gesellschaftlichen Entwicklung zurückbleiben, wenn sie nicht schon im frühen Alter zu Mediencracks gemacht werden.

Deshalb ist kritisches Hinterfragen, eine gesunde Skepsis, durchaus angebracht, wenn es um die Mediennutzung im Vorschulalter geht. Nichts kann dem Kind die Befriedigung ersetzen, die es spürt, wenn ihm in seiner unmittelbaren Umgebung das Geschenk von anwesenden, lebendigen, mitfühlenden Menschen zuteil wird – von Menschen, die anerkennende Blicke schenken, die das Kind mit Sorgfalt und Bedacht begleiten und zum Aufbau seiner Lebenskräfte beitragen. Dadurch erziehen wir die Kinder zu gesunden Erwachsenen mit einem guten Selbstwertgefühl, die innovativ denken, einfühlsam und weise sind und gute, nachhaltige Entscheidungen für künftige Generationen treffen können.

Worauf wir bei kindlicher Mediennutzung achten sollten

In der Debatte über die negativen Wirkungen von Medien auf Kinder sind von Experten u.a. folgende Aspekte zur Sprache gebracht worden:

- *Körperliche Auswirkungen:* Kinder, die viel vorm Bildschirm sitzen, haben geringere motorische Fähigkeiten, und die Wahrscheinlichkeit ist höher, dass Fettleibigkeit, Augenschäden und Schädigungen der Halswirbelsäule auftreten.
- *Schlaf:* Kinder, die vor einem Bildschirm sitzen, brauchen genügend Zeit, um die Erlebnisse wieder «auszuspielen»; sie haben sich kaum bewegt, während sie vor dem Bildschirm waren, und es fällt ihnen daher schwer, zur Ruhe zu kommen. Wenn sie eigentlich müde von den täglichen Aktivitäten sein sollten, sind sie stattdessen hyperaktiv, weil sie physisch und motorisch zu wenig angeregt worden sind.
- *Abhängigkeit:* Achten Sie darauf, wie sich das Kind vor und nach der Mediennutzung verhält. Steht es, nachdem es vor dem Bildschirm gesessen hat, ausgeglichen und voller Freude auf und kann sich gleich darauf problemlos einem «langsamen» Spiel widmen? Oder zeigen sich negative Reaktionen, wenn der Fernseher ausgeschaltet wird?
- *Fantasie:* Die Willens- und Vorstellungskräfte des Kindes sind gestört und das Kind langweilt sich, wenn es nicht auf den Bildschirm sehen kann.
- *Das Soziale:* Menschen sind Herdentiere – wir müssen mit anderen Menschen zusammen sein. Es liegt nicht in der Natur des Kindes, allein zu sein und nur mit einem Bildschirm zu interagieren.

Das nachahmenswerte Vorbild im Waldkindergarten

Wenn wir für Kinder anregende Umgebungen schaffen und Erwachsene um sie herum sind, die sinnvollen Tätigkeiten im Garten, im Gruppenraum oder im Wald nachgehen, erleben wir, dass wir mit unserem Tun und unseren Aktivitäten dem kindlichen Spiel eine kreative Kraft mitgeben, die den Willen und die Vorstellungskraft der Kinder entwickelt. Wir sorgen für ein Umfeld, in dem Kinder von der Begeisterung der Erwachsenen inspiriert werden und so Anregungen erhalten, sich selbst zu bewegen und Tätigkeiten im Alltag auszuführen. Dadurch geben wir ihnen die Möglichkeit, etwas mit sich selbst anzufangen, legen die Grundlage dafür, dass sie durch sich selbst und von der sie umgebenden Welt lernen können.

Auf diese Weise reift das Kind körperlich und geistig und kommt im eigenen Körper an. Bei Eltern, Erzieherinnen und Erziehern sollte ein Bewusstsein entstehen, dass wir die Kinder nicht nur «betreuen» oder «unterrichten», sondern ihnen eine Umwelt schaffen, in der sie wachsen und sich entwickeln können. Kinder sind wie kleine einzelne Keime, die dabei sind, sich zu entfalten – es ist wichtig, ihnen die richtigen Wachstumsbedingungen zu geben, damit der Keim zu einer gesunden und starken Pflanze werden kann. Wie ein Gärtner wissen muss, welche Bodenart und welcher Dünger für eine bestimmte Pflanze geeignet ist, damit sie sich optimal entwickeln kann, müssen wir uns fragen, welche Bedingungen das Kind für eine möglichst positive Entwicklung braucht.

Nach unserer Erfahrung entsteht das allerbeste Spiel dann, wenn Kinder allein spielen, aber die Nähe der Erwachsenen spüren, die neben ihnen mit Aktivitäten oder mit Alltagsarbeit beschäftigt sind. Kinder sind von Natur aus die meiste Zeit in Aktion oder in Bewegung, weshalb es für sie nicht motivierend ist, wenn Erwachsene nur herumsitzen und reden. Das bedeutet nicht, dass man sich als Erwachsener nicht ausruhen und hinsetzen darf, aber vielleicht kann man währenddessen sein Strickzeug holen oder ein Schnitzmesser zur Hand nehmen, sodass man in ein sinnvolles Tun kommt. Oft entsteht eine harmonische Spielsituation rund um einen Erwachsenen, der mit einer praktischen oder kreativen Tätigkeit beschäftigt ist. Zu sinnvollen Aktivitäten der Erwachsenen im Kindergarten gehören Alltagsarbeiten wie Kochen, Gärtnern, Putzen, Reparieren von Spielzeug und die Vorbereitungen für Jahreszeitenfeste.

Die Natur bietet viele naheliegende Aktivitäten, und oft wollen die Kinder von sich aus mitmachen – für sie gibt es nichts Besseres, als wenn sie mithelfen dürfen, den Tisch zu decken, Brennholz zu spalten oder eine Höhle zu bauen. Ich erlebe, dass bei Kindern die Fähigkeit, sich die Welt zu erobern, besonders angeregt wird, wenn es um sie herum etwas Sinnvolles zu tun gibt.

Wenn wir Erwachsenen Handlungen zusammen mit Kindern ausführen, wenn wir kochen, schneiden, schnitzen oder im Garten arbeiten, schaffen wir oft wertvollere Lernbedingungen für Kinder, als wir denken. Weitaus wirksamer und anregender für das Kind ist es, wenn sich das Lernen als Ergebnis einer Notwendigkeit vollzieht und der Sinn der Handlung offensichtlich und natürlich ist, als wenn der Lernprozess in künstlichen Lernräumen erfolgt, die aus einer Vorstellung heraus, was das Kind lernen sollte, eingerichtet werden.

Machen wir mit den Kindern oder in ihrer Gegenwart eine sinnvolle Arbeit, ergibt sich auch die Gelegenheit, darüber, was wir tun, ins Gespräch zu kommen – eine natürliche Lernsituation für sie. Außerdem können sie in diesen Situationen mit anpacken und entwickeln so ein unmittelbares Verständnis für einige grundlegende praktische Aufgaben, wenn man sie aufmerksam und mit genügend Zeit ausführt und sie nicht etwa nur schnell hinter sich bringen will. Es geht darum, Dinge nicht einfach zu erledigen, um zum «eigentlich Wichtigen» zu kommen, etwa dem Essen. Der Prozess ist das Wesentliche und dass Kinder das Gefühl haben, in dieser Situation beteiligt zu sein. Je mehr man sie selbst machen lässt, sie beispielsweise Möhren schneiden oder den Wasserhahn aufdrehen dürfen, desto mehr wächst ihr Selbstbewusstsein. Es wächst nicht etwa durch Lob; das Wichtige ist, dass man sie die Dinge tun lässt, die sie schon selbst können, und ihre Bemühungen anerkennt.

Günstig ist es, wenn sich die Kinder in die Situation eingebunden fühlen und nicht das Empfinden haben, dass sie dabei «stören». Sie wünschen sich von Herzen, gebraucht zu werden, nützlich zu sein. Deshalb achten wir sehr auf wertvolle Aktivitäten, die die Kinder direkt oder indirekt nachahmen können – Tätigkeiten, die sich besonders im Freien anbieten.

Die Stimmung, die beim Ausführen der Aufgabe herrscht, ist ebenfalls von Bedeutung, und die Begeisterung des Erwachsenen, seine Freude an der Aufgabe sind entscheidend, damit das Kind den Wunsch und den Mut entwickelt, sich von der Tätigkeit inspirieren zu lassen, und in sie eintauchen kann. Wir tragen Verantwortung gegenüber den Kindern, und wenn wir positiv eingestellt sind und unsere Arbeit von einer konstruktiven Haltung geprägt ist, während wir in der Natur handeln, wächst in ihnen das unerlässliche Vertrauen, dass die Welt gut ist.

Das Vorschulkind lernt durch Nachahmung; die Spiegelneuronen verlangen nach Möglichkeiten der Nachahmung, und wenn diese gegeben sind, senden sie positive Impulse an das Gehirn. Alles, was wir Erwachsenen tun, will das Kind imitieren. Wenn wir uns abhetzen und es antreiben, wird die Hektik auf seine Stimmung übertragen und lässt es unruhig werden. Das Gleiche gilt für die Art, wie wir alltägliche Handlungen ausführen: Fegen wir schnell, mit hektischen Bewegungen, den Boden und beeilen uns, die Tätigkeit rasch hinter uns zu bringen, hat das kleine Kind nicht die Zeit, die Einzelheiten der Handlung in sich aufzunehmen, ihre Schönheit, wenn man sich in sie vertieft. Werden Alltagsarbeiten jedoch ruhig und mit achtsamer,

Zu den Kräften, welche bildsam auf die physischen Organe wirken, gehört also Freude an und mit der Umgebung. Heitere Mienen der Erzieher, und vor allem redliche, keine erzwungene Liebe. [...] Wenn die Nachahmung gesunder Vorbilder in solcher Atmosphäre der Liebe möglich ist, dann ist das Kind in seinem richtigen Elemente.»

Rudolf Steiner, GA 34, 1907, S. 324 u. 328

«Es gibt zwei Zauberworte, welche angeben, wie das Kind in ein Verhältnis zu seiner Umgebung tritt. Diese sind: *Nachahmung* und *Vorbild*. [...] Was in der physischen Umgebung vorgeht, das ahmt das Kind nach [...]. Man muss die physische Umgebung nur in dem denkbar weitesten Sinne nehmen. Zu ihr gehört nicht etwa nur, was materiell um das Kind herum vorgeht, sondern alles, was sich in des Kindes Umgebung abspielt, was von seinen Sinnen wahrgenommen werden kann, was vom physischen Raum aus auf seine Geisteskräfte wirken kann. Dazu gehören auch alle moralischen oder unmoralischen, alle gescheiten und törichten Handlungen, die es sehen kann. [...]

positiver Stimmung durchgeführt, dann werden sie als positive Erfahrungen abgespeichert. So entsteht eine Verbindung zwischen Freude und Lernen, die wiederum den Wunsch auslöst, etwas Neues zu lernen. Deshalb ist es so wichtig, dass die Erwachsenen gerne in der Natur sind und Interesse an ihr haben. Sie müssen ihrerseits auch die Freiheit haben, Dinge mit den Kindern zu unternehmen, die sie selbst leidenschaftlich gern machen – denn dabei scheinen ihre eigenen Lebenskräfte hindurch, und die Kinder werden davon mitgerissen. Dieser Aspekt zeigt sich besonders schön in dem Bericht über den gemeinsamen Bau einer Weidenhütte im Garten (S. 138).

Die Möglichkeiten des Gartens

Viele Waldorfkindergärten und -krippen haben Gärten statt Spielplätze, da ein Garten auf natürliche Weise die Erwachsenen dazu einlädt, sinnvollen Tätigkeiten nachzugehen. Die Kinder spielen in der Nähe der Erwachsenen oder beteiligen sich an der Gartenarbeit. Ein konventioneller Spielplatz lädt nicht in gleichem Maße zu praktischen Arbeiten ein; in einem Garten ist es viel einfacher, mit etwas beschäftigt zu sein – mit einem Besen den kleinen Weg zu fegen, etwas zu pflanzen, einen Baum zu beschneiden, Äpfel zu sammeln, Hühner zu füttern, all die Aufgaben, die bei einem üppigen Garten ganz natürlich anfallen. Er ist viel abwechslungsreicher und vielseitiger als der Spielplatz: Man hat eine direktere Beziehung zur Jahreszeit, und die Spielmöglichkeiten sind weniger festgelegt als auf einem Spielplatz mit Rutsche und Schaukel. Um den strengen Sicherheitsanforderungen zu entsprechen, sind viele Spielplätze mit Fallnetzen bedeckt oder einem speziellen Belag versehen, Löcher und andere Hindernisse sind eingeebnet, um Sturzverletzungen zu vermeiden. Doch genau eine solche unebene Oberfläche bietet eigentlich die besten Herausforderungen für die motorischen Fähigkeiten der Kinder, weil sie ihre Sinne und dadurch auch stärker ihr Gehirn stimulieren.

In Bonsai verbringen alle Kindergartengruppen einen Tag pro Woche im Garten. Hier gibt es auch einen Sandkasten mit Spielwerkzeugen, Sandsachen und Bauklötzen. Wir empfinden das Spiel im Garten nicht als konstruktiver oder fruchtbarer, verglichen mit dem Spiel im Wald oder am Strand. Wenn wir trotzdem bewusst einen Gartentag einplanen, dann deshalb, weil der Garten pädagogische Möglichkeiten eröffnet, wenn wir etwas kultivieren, Samen säen, gießen und ernten. Außerdem ist er für uns der Ort, wo alle zusammen sein können, die Kindergartenkinder und die Kleineren aus den Krabbelgruppen. Das ist ein Wert an sich, und das Beisammensein genießen sowohl die Großen wie die Kleinen. Der Garten könnte in diesem Sinne genauso gut ein Zelt oder ein Unterschlupf im Wald sein – ein Ort, an den man gerne zurückkehrt, wo es für die Kinder kleine Aufgaben gibt, bei denen sie die Möglichkeit haben, sich am Ganzen zu beteiligen, und wodurch sie lernen und Verantwortung übernehmen können.

Ein Erlebnis der Nachahmung: Der Bau einer Hütte

Wir wollten in unserem Garten eine Hütte aus Weidengeflecht bauen. Diese Idee stammte von einem Mitarbeiter, der sich für Weidenflechtarbeiten interessierte. Bei einer Teamsitzung besprachen wir, wie wir die meisten Kinder und Erwachsenen in den Prozess einbeziehen könnten.

Eine Erzieherin, die sich mit dem Weidenflechten auskannte, und ihre Kindergruppe übernahmen die Verantwortung für das Ganze, während den anderen Kindergruppen jeweils ein oder zwei Tage zugewiesen wurden, an denen sie in den Garten kamen und am Prozess teilnahmen.

Die Erzieherin beschreibt das folgendermaßen: «Wir gingen hochmotiviert ans Werk. Zuerst zeichnete ich einen Kreis auf, woraufhin sich ein Kind in den Kreis stellte und sagte: ‹Hier ist eine Hütte.›»

Die Arbeit war für die Erwachsenen inspirierend, und ihre Begeisterung für die Aufgabe war ansteckend und regte die Kinder zum Mitmachen an.

Die Erwachsenen berichteten im Nachhinein: «Die Kinder brachten die Weidenzweige und halfen von selbst mit. Eines klopfte mit dem Hammer, genau wie ich es zuvor auch gemacht hatte. Die Spiele rund um unsere Flechtarbeit hatten eine wirklich gute Qualität. Uns fiel besonders auf, dass es an diesem Tag keine Konflikte gab, sondern nur glückliche, hilfsbereite und stolze Kinder! Ein vierjähriges Kind drückte es so aus: ‹Ich habe selbst ein Haus gebaut.›»

Es war lehrreich zu sehen, wie weit man in relativ kurzer Zeit kommen kann, wenn man zusammenarbeitet und vorher ein Konzept erstellt. Dabei darf man allerdings nicht vergessen, dass es in erster Linie auf den Prozess ankommt und nicht auf das Ziel. Natürlich ist das Ziel auch wichtig, aber es ist deutlich, dass alle einen besonderen Stolz und ein Gefühl der Eigenverantwortlichkeit zeigen, wenn die Gemeinschaft vom Prozess bereichert wurde.

KAPITEL 4

Satt, warm und trocken – damit alle sich draußen wohlfühlen

Es gibt ein paar grundlegende Dinge, die gegeben sein müssen, damit das kleine Kind, wenn es so viel Zeit unter freiem Himmel verbringt, sich frei entfalten und positiv entwickeln kann. In erster Linie müssen seine Grundbedürfnisse gedeckt sein – es darf keinen Hunger haben, nicht frieren, nicht nass sein und sollte ausgeruht sein. Eine größere Tour im Wald kann anstrengend sein für ein Kind, das nicht ausgeschlafen ist oder friert, denn es gerät dann schnell aus dem Gleichgewicht und die nötige Energie fehlt ihm. Daher schildern wir in diesem Kapitel unsere Bemühungen, die grundlegenden Bedürfnisse der Kinder zu befriedigen, und erläutern, wie wir dafür mit den Eltern zusammen arbeiten.

Mahlzeiten

Mahlzeiten haben großes erzieherisches Potenzial, und Essen spielt in der Kinderinsel Bonsai eine wichtige Rolle, weil wir in unserer Pädagogik dem Gebrauch der Sinne eine sehr große Bedeutung beimessen. Das Essen ist eine ganz natürliche Gelegenheit, zusammenzukommen und die Gemeinsamkeit zu genießen. Die Mahlzeiten gehören zu unseren täglichen Aktivitäten im Waldkindergarten, zudem kann man die Kinder bestens in die Vorbereitungen mit einbeziehen. Wir essen, so gut es geht, jahreszeitenabhängig – Wurzelgemüse im Winter, Erdbeeren und Salate im Sommer. Wir tun dies nicht einfach, weil es naheliegend und vorteilhaft ist, Obst und Gemüse zu verwenden, das die Natur zu einem bestimmten Zeitpunkt zur Verfügung stellt, sondern weil wir auch glauben, dass die Früchte der jeweiligen Jahreszeit bestimmte Qualitäten haben, die wir gerade in dieser Zeit brauchen. Außerdem verstärkt es die Stimmung der Jahreszeit, wenn wir wissen, dass Erdbeeren genau jetzt genossen werden sollten, weil sie danach eben nicht mehr erhältlich sind – es sei denn, sie wachsen in einem Gewächshaus in Spanien. Vor einiger Zeit erschien auf Englisch unser Kochbuch *Pumpkin Soup and Cherry Bread*, von dem sich Eltern und Erzieherinnen diesbezüglich inspirieren lassen können.

In vielen europäischen Ländern ist es üblich, dass die Kinder ihre Vesperbox von zu Hause in den Kindergarten oder in die Schule mitbringen. Die Praxis, dass Schulen und Kindergärten Essen für alle zubereiten, hat sich oft noch nicht durchgesetzt, auch wenn einige Einrichtungen gemeinsame Mahlzeiten gegen Bezahlung anbieten und die Kinder beim Kochen mit einbeziehen. Die Verantwortung für die Lunchpakete liegt allein bei den Familien, und während einige immer wieder kreative Brotzeiten einpacken, die mit viel Liebe und Freude vorbereitet wurden, kommen andere tagtäglich mit dem gleichen Leberwurstbrot in die Institution. Das kann beim Kind zu einem Isolationsgefühl führen.

Wir vermeiden solche Situationen, indem wir darauf achten, dass das Essen ein Gemeinschaftsereignis ist. Unsere Erfahrung hat gezeigt, dass Vorschulkinder es lieben, Teil eines «Wirs» zu sein, und der Verzehr eines Essens, das wir gemeinsam zubereitet haben, gibt allen ein starkes Wir-Gefühl. Wir haben eine «Essensmutter», die jeden Tag gesunde vegetarische Mahlzeiten für uns zaubert und die Kinder so weit wie möglich in die Vorbereitungen einbezieht; so erleben sie, dass das Essen mit ihrer Hilfe zustande kommt. Wenn Kinder zusammen essen, essen sie oft mehr und regen sich gegenseitig dazu an, neue Geschmäcker auszuprobieren. Sie erleben besonderen Zusammenhalt und Zufriedenheit darüber, dass alle dasselbe geschmeckt haben. Eine gemeinsame Mahlzeit ist integrativ und stärkt das Gemeinschaftsgefühl, und gleichzeitig sorgen wir dafür, dass sich die Kinder gesund und abwechslungsreich ernähren.

Wir werden von den Eltern oft gefragt, wie wir die Kinder dazu bringen, beim gemeinsamen Essen so gesittet und ruhig zu sitzen. Die Antwort ist erdenklich einfach: Dafür braucht es die volle Präsenz und den Gestaltungswillen des Erwachsenen. Er muss ein Vorbild für Ruhe und Aufmerksamkeit sein, um diese Rahmenbedingungen für die gemeinschaftliche Essenssituation zu schaffen; dann können die Kinder sie nachahmen. Es geht auch darum, wie man den Übergang zur gemeinsamen Mahlzeit gestaltet, wie man die Kinder zusammenführt und die Aufmerksamkeit aller darauf lenkt, was gleich passieren wird. Schließlich sorgen wir dafür, dass alle bequem sitzen und eine gemütliche Atmosphäre herrscht – all das liegt in der Verantwortung der Erwachsenen.

Wir nehmen viele Mahlzeiten draußen ein. Wenn wir im Freien essen, haben wir einige Orte, wo uns Baumstämme oder Steine als Tische und Bänke dienen; manchmal legen wir ein Holzbrett als Tisch darauf. Es ist wichtig, dass die Kinder gut und bequem sitzen, damit sie die Ruhe finden, die sie für das Essen brauchen. An denjenigen Orten, die wir im Wald oft aufsuchen, haben wir die Möglichkeit, die Essenssituation ansprechend zu arrangieren. Wir legen eine Tischdecke auf, pflücken vorm Essen einen Blumenstrauß oder schmücken den Tisch mit etwas anderem. Manchmal zünden wir

Erde, die uns dies gebracht,
Sonne, die es reif gemacht.
Liebe Sonne, liebe Erde,
Euer nie vergessen werde.
Christian Morgenstern

• •

Erdenspeise, Erdenbrot,
Unserm Leibe bist du Not.
Wenn wir dich mit Freuden essen,
Sei der Himmel nicht vergessen,
Der in aller Erdenkraft
Wunder wirkt und Leben schafft.
Annabell Valerie

eine Kerze an. Einige Kinder helfen, den Tisch zu decken, andere holen das Essen aus der Küche. Bevor wir essen, singen wir ein kleines passendes Lied (einen vertonten Tischspruch), ebenso am Schluss der Mahlzeit.

Das Lagerfeuer

Der Begriff «Lagerfeuer» ist bei den meisten Menschen mit einem Gefühl der Gemütlichkeit verbunden. In unserem Garten haben wir einen Feuerplatz eingerichtet, der von der Feuerwehr genehmigt wurde. Rund um den Feuerplatz wurden Holzbänke aufgestellt, damit die Kinder dabei sitzen und sich aufwärmen und das Feuer genießen können. Es ist ein idealer Treffpunkt und ein schöner Ort, um zu essen, ein Märchen anzuhören oder einfach nur das goldene Licht der Flammen und das lebendige Feuer zu beobachten, während man meditativ in der Stimmung verweilt.

Mit dem Lagerfeuer sind viele praktische Arbeiten verbunden, an denen sich die Kinder mit großer Freude und Hingabe beteiligen. Die Organisation beginnt bereits mit der Lieferung des Brennholzes, wenn der LKW mit einer ordentlichen Ladung bei uns ankommt. Viele Kinder sind eifrig dabei, das Brennholz in den Holzschuppen zu tragen. Das ist eine wunderbare Tätigkeit, und wir sind oft überrascht, wie viel Ausdauer und Begeisterung einige Kinder dabei zeigen, die Scheite fein säuberlich aufzustapeln. Bevor das Feuer angezündet werden kann, müssen noch kleine Anzündehölzer gespalten werden. Die Kinder schauen ganz gebannt zu, wie ein Erwachsener mit der Axt arbeitet, und beobachten, wie viel Konzentration, Ruhe und Aufmerksamkeit nötig ist, um präzise zu hacken. Als Nächstes muss das Feuer mit Zeitungspapier und kleinen Stöcken angezündet werden, und zum Schluss legen wir das Brennholz darauf. Jetzt züngeln die Flammen empor, und langsam breitet sich die Wärme aus.

Das Lagerfeuer ist für uns nicht nur ein Ort zum Aufwärmen und ein sozialer Treffpunkt, wir nutzen es auch oft zum Kochen. Wenn wir am Feuer kochen, machen wir zum Beispiel eine Suppe heiß, machen Popcorn, backen Brötchen oder Pfannkuchen; besonders Pfannkuchen sind bei allen Kindern heiß begehrt. Am Lagerfeuer zusammen zu essen ist gemütlich und bereichert gleichzeitig die Sinne; wenn die Kinder das Element Feuer erleben dürfen, macht sich eine besonders andächtige Stimmung breit.

Gleichzeitig bietet es die Möglichkeit, Regeln zu lernen, wie man sich am Lagerfeuer benimmt: dass man genügend Abstand zum Feuer wahren und sich ruhig verhalten muss. Auch für Erwachsene gibt es Vorsichtsmaßnahmen zu beachten: Es muss immer ein Eimer Wasser in Reichweite sein, und es ist erforderlich, dass eine Person immer nah am Feuer ist und die Situation im Auge hat. Das Feuer wird mit Wasser gelöscht, es gibt also keine Glut mehr, wenn wir den Ort verlassen. Es ist immens wichtig, dass wir diese klaren Regeln am Lagerfeuerplatz haben.

Schlaf- und Ruhezeiten

Kinder, die viel Zeit im Freien verbringen und ihren Körper den ganzen Tag bewegen, haben selten Schlafprobleme. Sie sind so viel an der frischen Luft und werden dadurch körperlich so müde und gut angeregt, dass es ihnen nicht schwerfällt, den Tag loszulassen, wenn sie abends müde ins Bett fallen. Wenn man tagtäglich in der Natur ist und viele Stunden im Freien verbringt, dann ist auch dafür gesorgt, dass der kindliche Körper das für einen guten Schlaf benötigte Hormon Melatonin produzieren kann. Die körpereigene Produktion von Melatonin wird durch Tageslicht beeinflusst; deshalb ist das Draußensein wichtig für den Melatoninspiegel.

Damit das Kind von einem Tag im Waldkindergarten wirklich profitieren kann, muss es ausgeruht sein, wenn es am Morgen ankommt. Wir merken deutlich, wenn der Schlafrhythmus eines Kindes nicht im Gleichgewicht ist, was zu vielen Frustrationen und Krisensituationen im Laufe des Tages führen kann. Kinder brauchen Ruhe, um in einem anspruchsvollen Alltag mit viel Bewegung und dem Leben im Freien gedeihen zu können. Wenn sie nicht die notwendige Energie haben, macht es ihnen auch keinen Spaß, den ganzen Tag draußen zu verbringen.

Im Kindergarten achten wir darauf, dass wir kleine Ruhemomente im Laufe des Tages schaffen, in

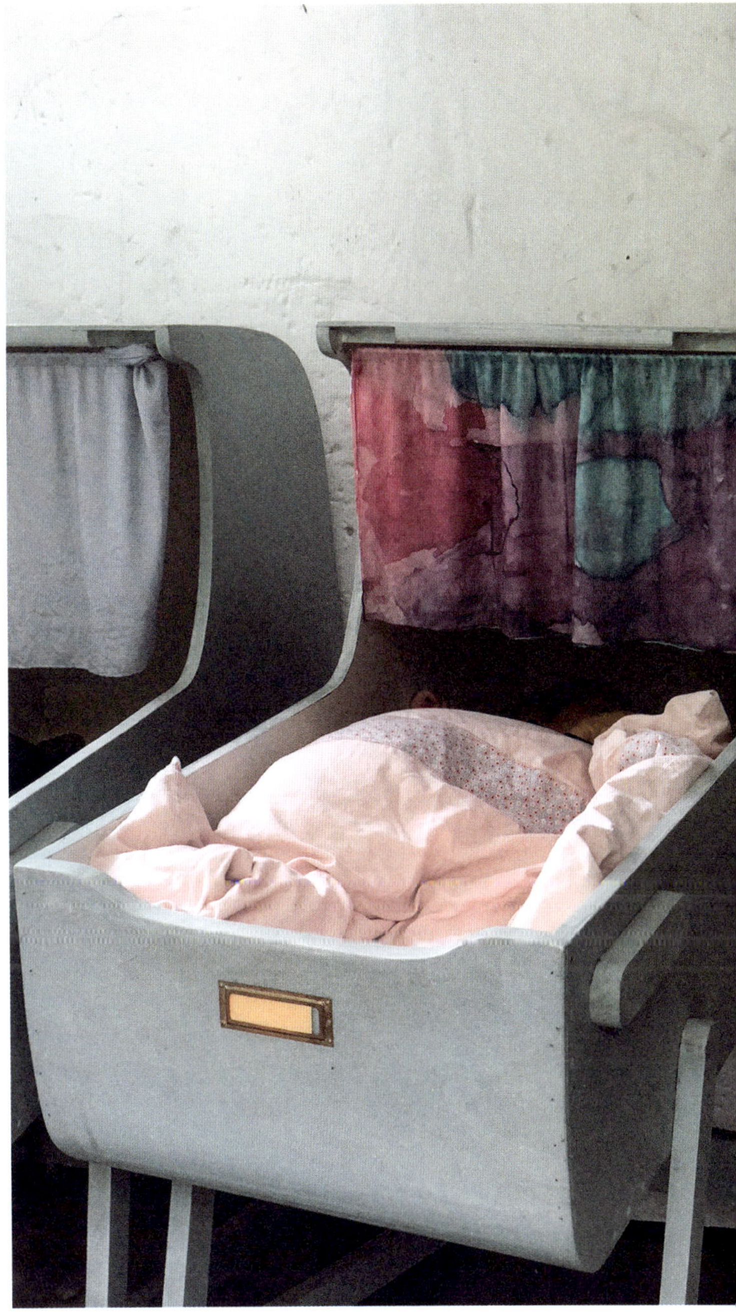

Die Krippe, in der die Krabbelgruppenkinder mittags draußen ▸ schlafen.

denen sich das Kind erholen kann, aber insgesamt liegt es natürlich in der Verantwortung der Eltern, dass ihr Kind den notwendigen Nachtschlaf bekommt. Kindergartenkinder sollten zwölf bis dreizehn Stunden pro Tag schlafen.

Wenn also der Kindergartenbus um 8 Uhr losfährt und das Kind um 7 Uhr geweckt wird, sollte es zwischen 18 und 19 Uhr zu Bett gehen. Für die Tagesgestaltung in der Familie ist das oft eine Herausforderung. Aber ein Kleinkind toleriert keine großen Schwankungen im täglichen Rhythmus und sollte daher einen festen Tagesablauf haben, also jeden Abend zur gleichen Zeit ins Bett gehen und jeden Morgen zur gleichen Zeit aufstehen. Dies gilt auch am Wochenende, selbst wenn manche Eltern samstags und sonntags verständlicherweise gern eine Stunde mehr Schlaf hätten. Im Alltag der Familie wird es sich jedoch umso stärker bezahlt machen, wenn das Kind abends müde und zufrieden einschlafen kann, weil sein täglicher Biorhythmus nicht durch das Wochenende verschoben wurde. Andernfalls normalisiert sich der Rhythmus erst im Laufe der Woche, und am nächsten Wochenende fängt das Chaos wieder von vorne an. Man tut sich selbst also einen großen Gefallen, wenn man den Rhythmus an den Wochenenden beibehält, auch wenn es verlockend ist, mal auszuschlafen.

«Drei Dinge helfen, die Mühseligkeiten des Lebens zu ertragen: die Hoffnung, der Schlaf und das Lachen», hat der Philosoph Immanuel Kant einmal gesagt. Schlaf ist ganz offensichtlich lebensnotwendig. Wir alle erleben immer mal wieder, wie es ist, zu wenig Schlaf zu haben und übermüdet zu sein, und wie sich das auf unsere körperliche und geistige Verfassung auswirkt. Schlafmangel macht sich beim kleinen Kind oft sehr deutlich bemerkbar. Es hat nicht die Energie, das tägliche Leben zu ergreifen; es möchte am liebsten bei einem Erwachsenen sitzen, es will nicht selbst gehen oder kann die anderen Kinder nicht ertragen. Bei Schlafstörungen können sich aber auch Symptome zeigen, die ähnlich auch bei einem Kind mit ADHS-Problematik auftreten; daher sollte man, wenn das Kind ein hyperaktives Verhalten an den Tag legt oder ungewöhnlich stark die Aufmerksamkeit sucht, als Erstes danach fragen, ob es vielleicht nicht genügend Schlaf bekommt. Und falls hierin tatsächlich die Ursache für sein Verhalten liegen sollte, wird es sich schnell positiv bemerkbar machen, wenn wir den Schlafrhythmus des Kindes ins Gleichgewicht bringen.

Im Schlaf finden viele wesentliche Prozesse statt: Das Wachstumshormon wird produziert, das Immunsystem wird aufgebaut, Infektionen werden bekämpft, Körperzellen regenerieren sich, der Appetit wird reguliert, und die Blutgefäße bleiben elastisch. Wichtig ist auch, dass die Eindrücke des Tages verarbeitet werden. Unser fleißiger innerer «Lagerverwalter» läuft herum und sortiert Gedanken, Erinnerungen und Gefühle in die richtigen Ablagen ein. Es ist tatsächlich wissenschaftlich bewiesen, dass nachts in unserem Gehirn etwas abläuft, was man als «Rei-

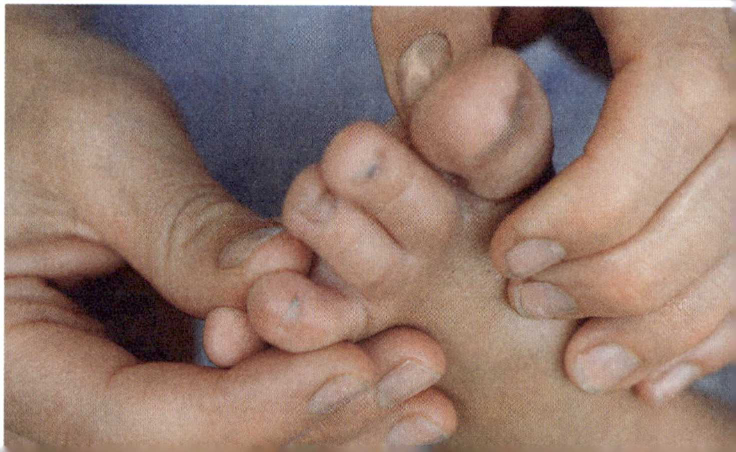

nigungsprogramm» bezeichnen könnte. Studien zeigen, dass eine Art Reinigungsflüssigkeit durch die Blutgefäße des Gehirns fließt und unser empfindliches System von dem Stresshormon Cortisol und anderen schädlichen Substanzen säubert, die der Körper auf diese Weise los wird. Es gibt also mehrere gute Gründe, dem Kind so viel Schlaf wie möglich zu bieten.

Ruhe und Achtsamkeit

Alle unsere Krabbelgruppenkinder schlafen um die Mittagszeit, und beim Übergang von der Krabbelgruppe in die eigentliche Kindergartengruppe machen wir aus dieser Notwendigkeit eine Tugend. Ein tägliches Mittagsschläfchen an sich bedeutet sehr viel, und die ruhige Atmosphäre, wenn das Kind nach seinem Nickerchen wieder aufwacht, ist ebenfalls wichtig; es muss sich sicher, wohl und ausgeruht fühlen. Wenn die kleinen Kinder also mit etwa drei Jahren in unsere Kindergartengruppen kommen, kann es ihnen schwerfallen, auf den Mittagsschlaf zu verzichten; daher bieten wir allen Kindern den ganzen Sommer über die Möglichkeit an, draußen unter einem Baum ein Nickerchen auf einer Decke zu machen. In den kühleren Monaten kann sich jedes Kind drinnen ausruhen. Die meisten jüngeren Kindergartenkinder verzichten jedoch schnell auf ihr Schläfchen, weil es einfach spannend ist, beim Spielen dabei zu sein; das möchten sie auf keinen Fall verpassen, nur weil jetzt Ruhezeit ist.

Tagsüber gibt es kleine Ruhephasen, etwa beim Märchenhören und bei spontanen Momenten der Achtsamkeit. Die Erwachsenen sorgen für den Rahmen, sodass die Kinder den Kontakt zu einem Erwachsenen genießen und sich zum Ausruhen zurückziehen können. Mit ein paar kleinen «Übungen», schaffen wir die Gelegenheit, dass sich die Kinder einen Moment entspannen und die Ruhe genießen können; das kann etwa eine Traumreise oder eine kleine Geschichte sein, bei der die Kinder mit geschlossenen Augen daliegen. Achtsamkeit ist eine wichtige Qualität, und sie ist auch ein gutes Mittel, mit dem wir mit den Kindern in Kontakt kommen können.

Kleidung

Bei Kleidung gilt der alte Spruch: «Man kann kein Gold zu Eisenpreisen kaufen.» Wir wissen, dass es kostspielig sein kann, hochwertige Oberbekleidung für alle Jahreszeiten anzuschaffen, aber sehen es als eine Investition in das Wohl des Kindergartenkindes. Weil wir die meiste Zeit draußen sind, ist die Kleidung bei uns so viel wichtiger als in anderen Kindertagesstätten. Als Mutter oder Vater hat man zudem eine Verantwortung für die gesamte Kindergartengemeinschaft, denn schließlich müssen alle Kinder passend angezogen sein; wenn nur ein Kind undichte Regenkleidung anhat, leidet die ganze Gruppe darunter. Deshalb ist es für uns Erzieherinnen so entscheidend, dass wir mit den Eltern in Kleidungsfragen gut kooperieren.

Es ist sehr individuell, welche Kleidung ein Kind braucht; das hängt natürlich auch von der Art der Einrichtung ab, die das Kind besucht. Außerdem sind die Kinder ganz verschieden – für manche sind schwere Stiefel einfach unpassend, weil sie darin nicht schnell genug laufen können und sie dadurch in ihrer körperlichen Entfaltung behindert werden. Einige Kinder frieren schneller als andere und brauchen mehrere Kleiderschichten übereinander.

Wir finden, dass viele Kinder generell zu dünn angezogen sind und zu viel synthetische Kleidung tragen, deshalb empfehlen wir natürliche Materialien, auch bei Kleidung. Beim Kleiderkauf sollte man außerdem auf ausreichend Bewegungsfreiheit achten, damit das Kind nicht eingeschränkt wird. Ohne Kopfschutz draußen zu sein ist für kleine Kinder nicht empfehlenswert, weswegen sie von Herbst bis Frühling eine Mütze und im Sommer einen Sonnenhut tragen sollten. Mützen schützen nicht nur vor Kälte, Wind, Hitze und Sonne, sondern bewahren die Kleinsten auch vor einer Überreizung durch zu viele Sinneseindrücke.

Neben anderen praktischen Gesichtspunkten ist auch der Aspekt der *Selbsthilfe* wichtig. Wenn Sie Kleidung für Ihr Kind kaufen, sollten Sie darauf achten, dass es die Sachen selbst, also ohne die Hilfe der Erwachsenen, an- und ausziehen kann. Es steigert sein Selbstwertgefühl immens, wenn es das allein hinbekommt. Dementsprechend sind Klettverschlüsse ein Geschenk für Erzieherinnen und für Kinder, die eigenständig sein wollen. Elastische Bündchen mit Zuziehfunktion sind ebenfalls in Ordnung, während Schnürsenkel und Reißverschlüsse nicht alltagstauglich sind.

Der Rucksack

Wir verwenden spezielle Kinderrucksäcke in guter Qualität, die eine Stützfunktion haben und mit Bauchgurt und Brustschnalle ausgestattet sind. Im Rucksack, der täglich mit nach draußen kommt, befinden sich Wechselkleidung und möglicherweise Reserveschuhe.

Den Rucksack nimmt das Kind jeden Tag mit nach Hause, und es liegt in der Verantwortung der Eltern, ihn mit allem neu auszustatten, was das Kind verbraucht hat bzw. was gewaschen werden musste. In dem Rucksack nimmt das Kind außerdem die Schätze aus dem Wald mit nach Hause: Steine, Rinden, Stöckchen oder Anemonen. Es ist eine gute Idee, die Wechselkleidung und die Schuhe zusätzlich in Plastiktüten einzupacken, damit alles trocken bleibt, wenn Dreckiges oder Nasses transportiert wird oder der Rucksack selbst nass wird. Denken Sie auch daran, dass der Rucksack nicht zu schwer sein darf, damit das Kind ihn selbst tragen kann.

Kleidungsvorschläge

In unserem Kindergarten empfehlen die Mitarbeiterinnen und Mitarbeiter folgende Kleidungsstücke:

Für Herbst und Winter

- Wollunterwäsche oder eine Mischung aus Wolle und Seide – gerne langärmelig und mit langen Beinen. Wenn das Kind eine Wollschicht direkt an der Haut trägt, wird der Schweiß vom Körper abtransportiert, ohne die Innenseite der Kleidung zu durchnässen, wodurch das Kind vermehrt frieren könnte.
- Zusätzlich zur üblichen Kleidung empfiehlt sich immer ein guter, dicker Wollpullover (oder gutes Vlies, wenn das Kind keine dicke Wolle tragen möchte), damit wir die Kleidung an die Temperatur anpassen können.
- Gefütterte, wasserdichte Handschuhe mit Gummizugbündchen; sie sollten einen langen Gelenkschutz besitzen, sodass sie über die Ärmel des Overalls gezogen werden können, mit Gummizug an beiden Handgelenken und gerne einem Band, das weiter oben am Arm mit Gummiband und Klettverschluss befestigt werden kann, damit die Handschuhe nicht verloren gehen. Fingerhandschuhe sind nur praktikabel, wenn das Kind sie selbst anziehen kann.
- Wir empfehlen einen Schneeanzug mit besonders guter Membran, robustem Außenmaterial und einer Kapuze. Zweiteilige Anzüge, z.B. Skisets mit Jacke und Hose, eignen sich eher für größere Kinder (ab fünf Jahren).
- Wir haben gute Erfahrungen mit Kamik-Stiefeln gemacht, d.h. schweren Stiefeln mit herausnehmbarem Innenfutter aus Wolle. Der untere Teil des Stiefels ist aus Gummi gefertigt, daher ist der Stiefel wasserdicht, und der obere Teil hat eine Gore-Tex Membran. Es ist wichtig, dass etwas Luft an die Zehen kommt, weil Luft eine isolierende Wirkung hat. Daher sollen die Stiefel eine Schuhgröße größer sein als andere Schuhe, denn es sollte noch Platz für Wollsocken sein.
- Wir empfehlen die «altmodischen» Regenbekleidungen aus Gummi, in denen das Kind sogar in einer Pfütze sitzen und spielen kann, ohne nass zu werden.
- Schlupfmützen (Elefantenmützen) eignen sich am besten, da sie Kopf und Hals wärmen. Kinder ab fünf Jahren kommen auch gut mit Halswärmer (Kragenschal) und Mütze zurecht. Schals und Tücher werden aus Sicherheitsgründen nicht empfohlen, da die Kinder damit in Ästen und Bäumen hängenbleiben können.
- Ein Paar gute, dicke Socken aus Wolle sind im Winter Gold wert.

Für die Übergangszeiten, für den Herbst und den Winter empfehlen wir Thermokleidung und darüber Regenbekleidung.

Für die Sommermonate

- Vom Frühlingsanfang bis zum Frühherbst müssen die Kinder am Morgen Regenkleidung und Gummistiefel tragen, da es morgens im Wald nass ist – auch im Sommer. Die Erwachsenen helfen den Kindern im Laufe des Tages beim Umziehen und achten darauf, dass alle für Wind und Wetter passend gekleidet sind.
- An sehr heißen Sommertagen mit durchgehender Sonneneinstrahlung können die Kinder von früh bis nachmittags Sandalen (ohne Strümpfe) tragen.
- Sonnenschutz: Cremen Sie die Kinder morgens zu Hause mit Sonnenschutz ein, vor dem Nachmittag wird im Kindergarten noch einmal eingeschmiert.
- Sonnenhut: Jedes Kind muss einen Sonnenhut oder eine Kappe tragen.

Ungeeignete Kleidungsstücke

- Schnürsenkel: wenn das Kind sich noch nicht selbst die Schuhe binden kann.
- Strumpfhosen: machen es mühsamer, sich umzuziehen, wenn das Kind nasse Socken hat.
- Enge Hosen: hemmen die Bewegungsfreiheit.
- Hosenanzüge, Ganzkörperanzüge und dergleichen: beschwerlich auszuziehen, wenn das Kind auf die Toilette geht.
- Kleider und lange Röcke: hemmen die Bewegungsfreiheit beim Klettern und sind unter der Oberbekleidung recht unpraktisch.

Ausrüstung für den Alltag im Wald

In unserem Kindergarten haben wir einen «Arbeitskinderwagen», mit dem wir zu den Aufenthaltsorten fahren, an denen wir unsere Tage verbringen. Wir versuchen, einen geländetauglichen Wagen mit genügend Platz für alles Notwendige zu entwickeln, bisher hat sich ein Kinderwagen aber als passendste Lösung herausgestellt. Einen Bollerwagen zum Ziehen haben wir auch ausprobiert, unsere Arme und Schultern litten jedoch darunter, ihn über Stock und Stein schleifen zu müssen. Fahrradanhänger haben zumeist zu kleine Räder und sind unpraktisch im Wald, also ist unser Kinderwagen das Transportmittel, das mit unserem Hab und Gut für den Tag gefüllt wird.

Hier präsentieren wir eine unvollständige Liste von Vorschlägen zum Inhalt des Alltagswagens:

- Toiletteneimer und biologisch abbaubare Plastiktüten für das Innere des Eimers.
- WC-Papier und ein Behälter mit Wasser zum Händewaschen, Handseife, Desinfektionsmittel und Handtüchern.
- Erste-Hilfe-Ausrüstung: Pflaster, «Zaubercreme», Schere und eine kleine Verbandsrolle.
- Wickeltasche: Isomatte, 2–4 Wegwerfwindeln, Einweghandschuhe, Feuchttücher und kleine Plastikbeutel.
- Die Plastikbeutel sind unverzichtbar und vielseitig verwendbar, z. B. kann man ihn als Socke verwenden, um keinen nassen Fuß zu bekommen, wenn der Stiefel undicht geworden ist. Wir verwenden biologisch abbaubare/kompostierbare Plastiktüten.
- Für Aktivitäten mit den Kindern haben wir: 8 Klemmbretter als Unterlage beim Zeichnen oder Werken von Jahreszeitenprojekten/-dekorationen.
- 12 Küchenmesser und 6 Schnitzmesser für die großen Kinder.
- 6–8 Kindersägen und 1 Erwachsenensäge, 6–8 Hämmer, 6–8 Gartenschaufeln, Schleifpapier, evtl. kleine Weidenkörbe, in denen die Kinder Dinge aus der Natur sammeln können.
- Eine große Box mit Unterteilungen für: Zeichenpapier, Farben, Scheren, Draht, Garn und Schnur, Klebeband, Nähgarn und Nadeln.
- Regenüberzug für den Kinderwagen.
- Planen und Decken als Sitzunterlagen am Waldboden.
- Tarp (Planenzelt, das vor Regen, Wind und Sonne schützt), das wir bei Regen aufstellen und als Unterschlupf nutzen können.
- Kühltasche für unsere Mahlzeiten, Holzbretter, Brotmesser, Schälmesser und Kartoffelschäler sowie Wasserflaschen und kleine Trinkbecher aus Stahl für die Kinder. Tee, Kaffee und Tassen.

Das Mittagessen wird in einem Korb aus der Küche abgeholt.

Hygiene und Toilettenbesuche

Wenn wir viele Stunden am Stück im Wald sind, muss selbstverständlich die Möglichkeit bestehen, draußen auf die Toilette zu gehen. Wir verwenden schwarze Eimer, ausgekleidet mit einer biologisch abbaubaren Tüte, die nach jedem Toilettenbesuch gewechselt wird. Die Tüten werden gesammelt und am Ende des Tages in einem speziellen Abfallbehälter entsorgt. Das Kind kann auf dem Eimer sitzen, ähnlich wie auf einer Toilette, und riskiert daher nicht, dass etwas auf die Kleidung kommt, was leicht passieren kann, wenn man sich nur hinhockt.

Die kleinen Kinder, die direkt aus der Krabbelgruppe in den Kindergarten kommen, brauchen einige Zeit, um sich an die Bedingungen der Außentoilette zu gewöhnen, aber sie lernen es normalerweise schnell, weil die älteren Kinder der Gruppe als Vorbilder fungieren. Wir versuchen den Toilettenbereich so gut wie möglich abzuschirmen, um die Privatsphäre der Kinder zu gewährleisten, und wir bemühen uns auch sehr, die Kinder bei Laune zu halten und ihnen ein Sicherheitsgefühl zu geben, wenn die Bedingungen schwierig sind.

Im Zusammenhang mit der Vorbereitung zu diesem Buch starteten wir eine Umfrage unter Kindern, die früher die Kinderinsel Bonsai besuchten und nun alt genug sind, die Erfahrungen aus ihren Kindergartentagen bewusster zu reflektieren. Wir fragten unter anderem, was für das Kind am negativsten war, die meiste Zeit im Freien zu verbringen.

Nur einige wenige hatten überhaupt schlechte Erinnerungen daran, so viel draußen zu sein, während ein paar von ihnen die Bedingungen der Außentoilette als problematisch erlebten – sie fanden es umständlich oder grenzüberschreitend, im Freien auf die Toilette zu gehen. Die Befragung öffnete uns in diesem Zusammenhang auch die Augen. Kinder sind sehr unterschiedlich; die meisten setzen sich einfach hin und denken sich nicht viel dabei, aber es ist unsere pädagogische Aufgabe, es jenen Kindern noch angenehmer und leichter zu machen, die sich schwer damit tun, unter freiem Himmel auf die Toilette zu gehen. Wir müssen immer wieder neue Strategien entwickeln, was für die einzelnen Kinder innerhalb der Gruppe das Beste ist. Im Anschluss daran haben wir ein paar Außentoiletten gekauft und hoffen, dass alle damit angenehmere Erfahrungen machen können.

Wir legen viel Wert darauf, den Kindern gründliches Händewaschen mit warmem Wasser und Seife nahezubringen, und wir waschen unsere Hände immer vor dem Essen, wenn wir von draußen nach drinnen kommen, und nach jedem Toilettenbesuch. Um Infektionsrisiken zu reduzieren, empfehlen die meisten Gesundheitsämter auch, dass alle morgens nach dem Ankommen in der Einrichtung und nach dem Nachhausekommen nachmittags die Hände waschen. Eine Pflegefachkraft der Stadt Kopenhagen kontrolliert unsere Hygienebedingungen regelmäßig; wir erfüllen selbstverständlich alle Standards, die auch für einen Waldkindergarten gelten.

Egern.

KAPITEL 5

Ein wald- und naturpädagogisches Kindergartenkonzept entwickeln

Bei der Konzeption von Krippen und Kindergärten stehen heute oft die Überlegungen und Forderungen im Mittelpunkt, die Natur und Phänomene der Umwelt in den Alltag der Kinder einzubeziehen. In Dänemark verlangen die Behörden sogar, dass Kinder echte und abwechslungsreiche Natur erleben können – Strand, Wald, Seen, Wiesen usw. Solche Auflagen, den Kindern ursprüngliche Naturerfahrungen zu ermöglichen, begrüßen wir; das Wichtigste ist trotzdem, Visionen in der jeweiligen Kindertagesstätte zu entwickeln und Überlegungen anzustellen, wie dies konkret umgesetzt werden kann. Einige Einrichtungen sind diesbezüglich sehr innovativ, andere müssen sich überlegen, wie die Natur ihren Spielplatz ergänzen kann und welche Möglichkeiten es gibt, kontinuierlich mehr draußen zu sein. Daher ist es erforderlich, dass die Mitarbeiterinnen und Mitarbeiter der Kindertagesstätte sich regelmäßig über ihre Visionen und Werte austauschen und sich überlegen, wie sie das Bedürfnis des Kindes nach Natur am besten erfüllen können. Wir haben in Bonsai den übergreifenden Ansatz, dass Kinder durch Begeisterung lernen, dass Staunen die Neugier weckt und der Aufenthalt im Freien ein Lernen auf vielen Ebenen ermöglicht, wenn Kinder die Natur selbst entdecken dürfen. Wir machen keinen Unterricht im Sinne eines Vortrags für unsere Kinder; wir zeigen nur etwas, ohne zu erklären oder zu intellektualisieren. Wir wollen, dass die Kinder sich selbst als Werkzeug einsetzen, und sehen es als unsere Verantwortung an, den Rahmen und die Voraussetzungen dafür zu schaffen, indem wir ihnen einen Alltag voller echter Sinneseindrücke ermöglichen.

Zu den wichtigsten Gesichtspunkten vor der Gründung eines Wald- oder Naturkindergartens bzw. vor der Erarbeitung eines entsprechenden Konzepts gehört es, dass die Mitarbeiterinnen und Mitarbeiter auch die notwendigen Voraussetzungen erfüllen: dass sie die Inspiration, das Wissen und die Motivation mitbringen, sich mit den Kindern draußen in der Natur zu beschäftigen. Als Nächstes muss man herausfinden, an welches Zielpublikum man sich wenden möchte, in welchem geografischen Umfeld sich dieses Publikum befindet, und außerdem herausfinden, ob es in der

Nachbarschaft vielleicht schon einen Waldkindergarten gibt. Das war auch meine Aufgabe, als ich Bonsai gründen wollte. Mein Wunsch war es, einen Kindergarten für Stadtkinder der Region Kopenhagen zu schaffen, um es ihnen zu ermöglichen, draußen in der Natur zu sein. Ganz von vorne zu beginnen, mit neuen Mitarbeiterinnen und Mitarbeitern, neuen Kindern und neuen Räumlichkeiten, ist sicherlich eine große Herausforderung, die aber auch Spaß machen kann und spannend ist. Es macht einen enormen Unterschied, ob man bereits in einem existierenden Kindergarten arbeitet, der schon einen festen Ort hat und für den man sich mehr Naturbezug wünscht, oder ob man von Grund auf alles aufbauen muss. Mit Willenskraft und Mut ist alles möglich, und es gibt viele Wege, wie man Natur in die Herzen und den Alltag von Kindern und Erwachsenen bringen kann.

Die Umgebung des Kindergartens

Bei der Suche nach einem geeigneten Platz, an dem sich das Leben eines Wald- oder Naturkindergartens entfalten kann, ist es wichtig, die örtlichen Gegebenheiten zu prüfen: Gibt es einen See, einen Park, ein Waldstück, ein Moor, einen Bauernhof, einen Friedhof, ein Feld oder einen Strand in der Nähe? Vorteilhaft ist es, wenn sich in der Umgebung verschiedene Möglichkeiten bieten und das Gelände abwechslungsreich ist. Beispielsweise eignen sich umgestürzte Bäume und Baumstümpfe wirklich ausgezeichnet zum Spielen und Klettern und bieten die Gelegenheit, Insekten und Wildtiere zu studieren. Ein kleiner Hügel, ein Hang und einige gute Kletterbäume geben Anlass zu vielen Stunden der Beschäftigung und Unterhaltung. Büsche oder Sträucher, in denen man sich verstecken kann, oder alte Bäume, unter denen man gerne sitzt und die Schutz vor Sonne oder Regen bieten, sind ideal. Im Wald haben wir viele Möglichkeiten. Manchmal gibt es auch Pfadfinderhütten, die man kurzzeitig mieten und nutzen kann. Wir empfehlen, die Gemeinde oder die Naturfreunde zu kontaktieren, da sie oft entsprechende Gebäude haben, die man für solche Zwecke mieten kann.

Als optimal hat sich eine Umgebung erwiesen, die viele Qualitäten umfasst: wo es Stellen gibt, an denen alles vorhersehbar ist und die sich für eine bestimmte Aktivität eignen, bis zu Stellen, wo es besonders spannend und herausfordernd ist. So können die Kinder verschiedene Räume aufsuchen, und ein Gleichgewicht zwischen Herausforderung und Sicherheit ist gewährleistet.

Feste Ausgangspunkte sind eine gute Sache, denn so haben die Kinder Zeit, sich mit der Gegend vertraut zu machen. Ein solcher Ort sollte einen Lagerfeuerplatz haben und einen Sammelbereich, an dem alle zusammenkommen können, und gleichzeitig Stellen, an denen die Kinder auch die Möglichkeit haben, ungestört unter sich zu bleiben. Wir haben in Bonsai das Glück, dass wir uns in einem abwechslungsreichen Gelände mit gemischter Vegetation aufhalten können; sie reicht von dichtem Wald bis zu weiten Feldern und Wiesen. Im

Wald gibt es viele verschiedene Bäume, gesunde und tote; umgestürzte Bäume bieten großartige Spielmöglichkeiten. Darüber hinaus finden wir dort Kräuter, Sträucher, Beeren und Blumen, wir haben Erde, Schlamm und Sand als formbare Baumaterialien, lose Teile von Bäumen, wie Rinden, Zapfen und Zweige, und nicht zuletzt Wasser, Tiere und Insekten. In einem Graben treffen Laubwald und Nadelhölzer aufeinander; dort ist ein dichtes Gezweig, das für eine Höhlenstimmung sorgt. Wenn man ein paar Seile mitbringt, kann man an schwingenden Ästen auch natürliche Schaukeln bauen.

Räume mit Anregungen für die Sinne

In den zahlreichen Kindergärten, die ich im In- und Ausland besuchen durfte, habe ich viele verschiedene Außenbereiche kennengelernt. Ich habe dabei den Eindruck gewonnen, dass ein gutes Außengelände auch das entsprechende Bewusstsein der Pädagogen verlangt, den nötigen Blick für die räumlichen Gegebenheiten. Ein gutes Beispiel dafür ist ein Kindergarten, der weit weg von einem Wald liegt, in dessen Garten aber viele kleine Räume mit allen möglichen Angeboten geschaffen worden sind; es gibt dort einen Lagerfeuerplatz, einen Bach, Blumen, Pflanzen, Bäume, Arbeitstische, Hügel zum Rauflaufen und Ecken zum Verstecken. Ein solcher Ort bietet Abwechslung und eine große Bandbreite von Sinneseindrücken. Ich habe Orte besucht, etwa in China, wo es aus Angst vor Bakterien im Sand keine Sandkästen für die Kinder gibt. Das ist ärgerlich da die Sorge ganz unbegründet ist, wenn man den Sand regelmäßig austauscht und die Sandkästen über Nacht mit einer Plane abdeckt. In Kalifornien wurde ich von einem «Barfußkindergarten» inspiriert, in dem alle Kinder den ganzen Tag ohne Schuhe und Socken spielen. Sie rannten herum und nahmen die Welt auf ganz natürliche Weise durch den Boden auf; das lässt sich natürlich in einem Land mit einem stabilen, warmen Klima leichter umsetzen. In jedem Falle aber haben die Elemente eine große Bedeutung für die Sinne, und die Sinne werden durch vielfältige Variation angeregt.

Ich habe mir Kindergärten in Kalifornien und Australien angesehen, die sich aufgrund des stabilen Klimas besser zum ganzjährigen Aufenthalt im Freien eignen. Dort hat man die traditionelleren Spielgeräte einfach in den Außenbereich mitgenommen und die Außenumgebung mit allem bestückt, was eine Spielumgebung drinnen brauchen würde. Die meisten Außenbereiche haben glücklicherweise einen Sandkasten mit Sandsachen; oft ist es günstig, wenn es auch noch Puppenwagen, Autos, Bücher usw. gibt.

Selbstverständlich ist uns bewusst, dass wir im Wald mit all den Dingen spielen, die in der Natur vorkommen, aber wenn wir außerdem noch ein paar Behelfsgegenstände mitnehmen, etwa große Laken zum Aufhängen und Höhlenbauen oder Stoff zum Verkleiden, können wir sie gut mit den Spielmöglichkeiten kombinieren, die die Natur uns zur Verfügung stellt.

Pädagogische Reflexion inspiriert Entwicklung und neues Wissen

Es gibt immer neue Dinge, die wir lernen und weiterentwickeln können, wenn wir mit Kindern in der Natur arbeiten. Wie die Natur sich ständig verändert, so müssen auch wir unsere Gewohnheiten, unsere Arbeitsweise und unser Konzept immer wieder anpassen. Dies fördert die Fähigkeit, die Erfordernisse der gegenwärtigen Situation zu ergreifen, und es ermöglicht uns, das Grundlegende zu erfassen und uns neues Wissen anzueignen. Von hier aus können sich Interesse und Neugier entwickeln und den Boden für ein tieferes Verständnis bereiten. Entwicklung ist eine Aufgabe, die niemals abgeschlossen ist, und wir sollten uns immer darum bemühen, zu erkennen, was die Gegenwart gerade von uns verlangt, damit wir mit unserer Aufgabe, mit den Kindern und der Natur verbunden sein können.

Mit Kindern zu arbeiten ist auch mit einer Verantwortung verknüpft, und wenn wir nichts Neues dazulernen und einfach das machen, was wir immer schon gemacht haben, können auch keine neuen Einsichten entstehen; das wäre das Gegenteil von Entwicklung. Dann müssen wir uns aufraffen und uns eine neue Herausforderung suchen und uns ein neues Lernziel setzen – sich etwa für jede Jahreszeit ein neues Märchen so einzuprägen, dass wir es frei erzählen können, oder die Namen von Bäumen, Blumen, Sträuchern, Insekten oder Vögeln zu lernen. So wird die Natur für uns «größer», weil wir über sie auch mehr wissen und sie uns vertrauter wird. Wenn wir unser eigenes Interesse an der Natur pflegen, können wir auch die Kinder inspirieren, dass sie die Freude und Begeisterung am Lernen genießen. Es ist eine wichtige Säule der Pädagogik, das eigene Handeln und die eigenen Entscheidungen zu reflektieren. Das ist die Voraussetzung, um in Entwicklung zu bleiben.

Es ist wichtig, Freiräume für die individuellen Unterschiede innerhalb des Kollegiums zu schaffen. Vielleicht gibt es einen Erwachsenen, der einen Garten für die Kinder anlegen möchte. Wenn er die Aufgabe übernommen hat, ist damit auch die Verantwortung verbunden, sicherzustellen, dass alle Kindergruppen an dem Projekt teilhaben können und ihre eigenen Samen säen dürfen. Aber die Gesamtverantwortung sollte bei einem Erwachsenen liegen, der die anderen inspiriert und die Grundlage schafft, dass alle sich beteiligen können. Eine andere Erzieherin ist möglicherweise verantwortlich für ein Lebensmittelprojekt, eine weitere für ein Pilotprojekt: eine gruppenübergreifende Zusammenarbeit zwischen Krabbelgruppe und Kindergarten, bei der die großen Kinder an einem Tag den «Kleinen» in der Krippe «helfen» – das tut den Großen und den Kleinen gut. Ein vierter Erwachsener bringt etwa seine Erfahrung im Weidenflechten ein und baut mit den Kindern eine schöne Hütte im Garten, von der alle etwas haben. Die individuellen Unterschiede der Betreuerinnen und Betreuer sind wertvolle Qualitäten, sie können

TIMES
AHEAD

in vielen Zusammenhängen von Vorteil sein und der Gesamtheit zugute kommen, wenn die Einzelnen sie ausleben können.

Nach Rudolf Steiner ist die Erziehung des Kindes eine Kunst. Damit meint er, dass die pädagogische Arbeit nie zur Routine werden darf – sie muss an jede einzelne Situation angepasst werden, und eine solche Anpassungsfähigkeit erfordert volle Präsenz. Die Pädagogik ist auch ein lebenslanges Lernen, bei dem die Erziehenden sich immer auf das Kind und die jeweilige Situation einstellen müssen, bei der ihr Staunen und Forschen innerlich lebendig bleibt, getragen von dem aufrichtigen Wunsch, zu verstehen. Man kann also nicht einfach die ewig alten Angebote und Handlungen kopieren und erwarten, dass das, was früher funktionierte, auch jetzt funktioniert. Wie die Arbeit eines Künstlers, verlangt auch die pädagogische Arbeit Präsenz, Beobachtung und Reflexion.

Eines der wichtigsten Mittel der Erziehenden ist die Beobachtung, die Anschauung des Kindes: jedes einzelne Kind als den Menschen zu sehen, der sie oder er ist. Doch wie können wir so an uns arbeiten, dass wir uns nicht in den Mühen des Alltags verlieren, sondern wirklich in der Lage sind, das Kind wahrzunehmen, wie es ist, hier und jetzt? Wie können wir an uns selbst arbeiten, damit wir mehr Gelassenheit und Präsenz ausstrahlen? Meditation und Achtsamkeitsübungen sind eine Möglichkeit, unsere Aufmerksamkeit zu schärfen und Stress zu reduzieren, Chancen und Antworten wahrzunehmen, die man sonst nicht sehen würde, und präsenter zu sein, damit die Kinder von der ganzen Aufmerksamkeit der Erzieherin profitieren können.

Innerhalb des Kollegiums haben wir etwas umfangreichere Achtsamkeitsübungen ausprobiert, die jeder und jedem Einzelnen eine tiefere Einsicht ermöglichen. Wir erreichten auf einem hohen professionellen Niveau ein Ergebnis, von dem die ganze Gruppe profitierte und das ein solides Fundament und einen Ausgangspunkt für gegenseitiges Verständnis bildete. Darüber hinaus haben wir gute Erfahrungen mit sogenannten Sinnesspaziergängen im Wald gemacht, bei denen wir über ein vorher festgelegtes Problem nachdenken. In der Natur spazieren zu gehen verleiht den Gedanken Flügel, sodass nicht selten Lösungen und Ideen zu einem Problem gefunden werden können.

Wir treffen uns alle vierzehn Tage im Team, und diese Besprechungen erfüllen viele Funktionen: Wir berichten, was seit der letzten Zusammenkunft passiert ist, wir schaffen in der Gemeinschaft eine Grundlage für unser Lernen, tauschen uns über die Beobachtungen zu den Kindern aus, erarbeiten uns Lehrplanthemen, evaluieren Projekte und neue Initiativen und entwickeln Ideen für die Zukunft. Es war mir sehr wichtig, eine Gesprächsform zu schaffen, in der Professionalität, unsere Werte und unsere wesentlichen Aufgaben im Mittelpunkt stehen. Unsere Treffen sind für das ganze Kollegium von großer Bedeutung, denn hier erfassen wir das große Ganze, vereinbaren Prozesse und Ziele und geben uns gegenseitig Einblick in unsere Arbeit.

Ich nutze den Beginn der Zusammenkünfte gerne, um Konzentration herzustellen – wir lesen einen passenden Spruch, der Denkanstöße liefern kann, oder gehen in der Natur spazieren, wo wir uns in der Stille auf unsere Sinne konzentrieren. Ich baue die Treffen so auf, dass das fachliche Thema des Tages oben auf der Agenda steht. Manchmal müssen wir tiefer in ein Thema eintauchen, uns beispielsweise mit der Frage beschäftigen: Wie spielen unsere Kinder in der Natur? Damit wir zu Einsichten kommen, erhält die Gruppe zunächst die Gelegenheit, darüber nachzudenken und die Aufmerksamkeit einige Minuten lang nach innen zu richten. Als Nächstes hören wir uns die Gedanken jeder Mitarbeiterin und jedes Mitarbeiters an; dadurch wächst unser gemeinsames Verständnis. Auf diese Weise ist auch Platz für alle Aussagen und Beiträge zu dem Thema, und wir vermeiden, dass wir am Ende in einer unfruchtbaren Diskussion verharren oder in Kritik an dem, was den anderen wichtig ist.

Es kann sinnvoll sein, Zeit auf Übungen zu verwenden, die die Aktivität der Teilnehmer anregt. Es gibt viele Möglichkeiten, die Konzentration und das Verständnis in einer Mitarbeiterkonferenz zu vertiefen, aber am wichtigsten scheint mir, dass die Teamleitung klar führt, dass sie einen Rahmen schafft und die Ziele deutlich ausdrückt, damit der Prozess zu einem gemeinsamem Verständnis oder schließlich zu einem gemeinsamen neuen Ausgangspunkt führt.

Ein relevantes Thema, das uns oft eingehend beschäftigt, ist die nächste Jahreszeit bzw. das nächste Jahreszeitenfest. Hier ist es sinnvoll, mit einer objektiven Beschreibung des jahreszeitlichen Hintergrunds zu beginnen: Was zeichnet den kommenden Zeitabschnitt aus? Anschließend verwenden wir einige Minuten darauf, über die Frage nachdenken: Was wollen wir den Kindern für diese Jahreszeit mitgeben? So gelangen wir alle an einen gemeinsamen Ausgangspunkt, der sowohl für den Zusammenhalt als auch für unsere Fähigkeit, präsent zu sein, wichtig ist.

Wissens- und Erfahrungsaustausch kann Inspiration schenken, in großen wie in kleinen Institutionen. Dass unsere Einrichtung mehrere Kindergruppen umfasst, gibt uns die Möglichkeit, einander zu besuchen und uns gegenseitig anzuregen. Wenn man Kollegen und Kolleginnen beobachtet, wird man sich oft seiner eigenen Handhabung und Herangehensweise bewusst, was einem vielleicht neue Perspektiven eröffnet. Es kann außerdem lohnend und inspirierend sein, an einem Seminarkurs teilzunehmen oder einen Vortragenden einzuladen und sich Einblicke in neue Themen zu verschaffen, beispielsweise darüber, wie man den Garten in der kalten Jahreszeit noch nützen könnte, wie man zusammen mit Kindern kocht oder wie wir draußen in der Natur Märchen erzählen können. An der Themenauswahl sollten alle Mitarbeiterinnen beteiligt sein. Wir bemühen uns, in jeder Jahreszeit etwas Neues zu lernen, um es in die Aktivitäten mit den Kindern einfließen zu lassen.

Studien zum Spiel in der Natur

Inger Lerbech, Landschaftsarchitektin an der Kopenhagener Universität, forscht zu Qualitäten in Natur und Umwelt, die anregend auf das kindliche Spiel und die Fantasie wirken. Sie hat herausgefunden, dass Kinder sich von Elementen angezogen fühlen, die Möglichkeiten zum Handeln eröffnen, sich verändern und nicht vollständig erkundet sind. Besonders der Wald bietet diese Fülle, die Abwechslung und die Abstufung in verschiedenen Ebenen. Er bringt auch Veränderung mit sich, weil die Jahreszeiten für eine ewige Verwandlung sorgen. Der dynamische Aspekt des Waldes entspricht der Tatsache, dass Kinder ständig wachsen, sich entwickeln und lernen. Variation und Veränderung können, so Lerbach, ebenfalls dadurch erreicht werden, dass neue Orte besucht und am Spielplatz oder im Garten neue Elemente hinzugefügt werden. Am einfachsten kann man diese Erfahrung aber in der Natur oder im Wald selbst machen, da die Umgebung dort selbst von Wandel und Veränderung geprägt ist. Ausreichend Platz ist dafür wichtig, doch wenn man ihn nicht zur Verfügung hat, kann man an der örtlichen Beschaffenheit und der Bepflanzung arbeiten, um das Gefühl von mehr Raum zu vermitteln, indem man z.B. kleine, unterschiedliche Räume und Nischen gestaltet.

Lerbechs Aussagen basieren auf Feldforschung, die die Wissenschaftlerin in vielen unterschiedlich ausgerichteten Wald- und Naturkindergärten sowie in gewöhnlichen Kindergärten durchführte. Sie beobachtete auch, dass nicht nur der Ort für das Spiel der Kinder entscheidend ist, sondern dieses auch in hohem Maße von Vorbildern und der Toleranz der Erzieherinnen abhängt. Mit anderen Worten: Es ist entscheidend, dass die Erwachsenen den Kindern erlauben, zu bauen, zu graben, zu hacken, zu basteln, zu schmecken, zu schneiden, zu sägen, Dinge zu zerschlagen usw., und dass sie sich vom Lagerplatz entfernen und bei Bedarf zurückkommen dürfen. Lerbechs Beobachtungen werden durch eine schwedische Studie über die kindliche Entwicklung in verschiedenen Kindergartenumgebungen gestützt: «Wenn Sie als pädagogisches Personal auch noch so gute Absichten verfolgen, können Sie doch in einer sinnesarmen Umgebung nicht allein durch Ihre Anwesenheit geeignete Voraussetzungen schaffen. Genauso wenig kann aber eine ‹reichhaltige Umgebung› dem Kind nicht die Sicherheit bieten, die es braucht, damit es in das Spiel eintauchen und freudig seine Kreativität ausdrücken kann, wenn die Erzieherinnen nicht in der Lage sind, ihre Aufgabe zu erfüllen» (Grahn et al. 2000). Zusammenfassend kann man sagen, dass sowohl das physische wie das soziale Umfeld entscheidend für die Qualität des kindlichen Spiels sind.

KAPITEL 6

Das Kind in der Natur – die Natur im Kind

Als Mensch – und damit auch als Kind – ist man Teil eines größeren Ganzen. Wir üben das Leben ein, indem wir Wege gehen, Dinge ausprobieren, die Welt erforschen und erleben. Wenn wir aufwachsen, muss unser Bewusstsein zunächst begreifen können, in welche Welt wir hineingeboren wurden. Wir sind Teil eines sehr komplexen, aber auch eines sehr harmonischen und schönen Zusammenspiels, und diese Verbindung zu spüren ist der erste Schritt auf dem Weg zu einem tiefergehenden Verständnis dieser Systeme und des Lebens, in die unsere Kinder sich begeben.

Der Mensch ist auf einer innersten, instinktiven Ebene mit der Natur verbunden. Er trägt eine inhärente Sehnsucht nach der Verbindung mit der Natur in sich – das ist sozusagen seine eigentliche Natur. Deshalb glauben wir auch, dass es der inneren Natur des Kindes entspricht, draußen in der Natur zu sein. Dadurch entsteht eine Wechselwirkung: das Kind in der Natur – die Natur im Kind.

Es findet auch in der Natur statt, dass die Kinder all die wunderbaren Dinge des Lebens sehen und entdecken: die Wärme der Sonne, die lebenspendende Qualität des Wassers und des Lichtes; hier können sie außerdem all die faszinierenden Sinneserfahrungen machen. Das klingt fast zu komplex, doch für Kinder besteht eine unmittelbare Verbindung zur Natur, und indem wir uns mit allem verbinden, was sich dort bewegt und was in der Natur passiert, kann das Kind bei sich selbst ankommen und mit beiden Beinen auf dem Boden stehen. In jedem einzelnen Kind schlummert ein grundlegender, immanenter, aber vielleicht noch unbewusster Zugang zum Begriff des Lebens. Es ist ein Verständnis, das durch Beobachten verschiedener konkreter Prozesse in der Natur bewusst gemacht werden kann.

Die Natur wird zum Freund fürs Leben

Viele ehemalige Kindergartenkinder unserer Institution kommen gerne auf Nostalgiebesuch zu uns, um ihren Lieblingskletterbaum im Wald wiederzusehen. Oder Eltern berichten uns später von den Naturerlebnissen ihrer Kinder. Ein Junge, der vor vielen Jahren bei uns war, schmuggelte damals einen Lindentrieb in seinem Rucksack mit nach Hause, den er mit seiner Mutter auf der Steinbrücke in ihrem Garten einpflanzte. Heute ist der Baum so hoch, dass der Junge, der inzwischen zu einem jungen Mann herangewachsen ist, in seiner Küche im ersten Stock sitzen und die Blütenblätter des Baumes betrachten kann. Das weckt in ihm Erinnerungen an eine wundervolle Zeit in der Natur. Ein weiteres Kind erzählte uns, dass es zu Schulbeginn im Stadtgebiet von Kopenhagen das Gefühl hatte, seine Füße seien nicht für das Gehen auf Asphalt geeignet – dass sie viel besser auf dem weichen, elastischen Waldboden funktionierten, auf dem man auch besser laufen und springen konnte.

Im gesamten Buch haben wir von Studien berichtet, die zeigen, wie die Natur die gesunde Entwicklung und das Wohlbefinden von Kindern fördert. Durch ein Gefühl der Zugehörigkeit mit ihr haben Kinder Zugang zu den heilenden und stärkenden Kräften der Natur. Wir hören und sehen auch, dass sie eine liebevolle Beziehung zur Natur aufbauen, sich mit ihr anfreunden.

Als wir mit diesem Buchprojekt begannen, baten wir ehemalige Kindergartenkinder der Kinderinsel Bonsai, von ihren Erfahrungen aus der Zeit bei uns und von ihrer heutigen Beziehung zur Natur zu berichten. Ihre Beschreibungen bestätigten uns, wie gut es Kindern tut, die Natur fest in ihren Alltag zu verankern. Viele der heute jungen Erwachsenen sagten, dass sie es lieben, sich draußen in der Natur aufzuhalten, dass sie Natur mit Gemütlichkeit, mit einem Gefühl von Freiheit, Energie, Luft und Raum verbinden, dass es auch bei Regen und Wind schön ist, draußen zu sein, und dass die Natur für sie eine Art Rückzugsraum ist; ein Ort, an dem sie sich sicher fühlen.

Viele Eltern berichten von Fensterbänken und Regalen in Kinderzimmern, die bis zum Rand mit Zapfen, Zweigen, verwelkten Blättern, Steinen und kleinem Krimskrams aus dem Wald vollgeräumt sind, die jedoch auf keinen Fall entsorgt werden dürfen, weil sie mit einer Geschichte oder einer sehr wichtigen Erinnerung an die Zeit im Kindergarten verbunden sind. Man kann also tatsächlich sagen, dass die Natur in den Herzen der Kinder weiterlebt und sie immer eine besondere Vertrautheit und Verbindung mit ihr spüren werden, wenn ihnen in ihrer Kindheit das Glück zuteilwurde, sich mit der Natur und all ihren Qualitäten zu beschäftigen.

Die Natur in der Stadt finden und nutzen

Die Wirkung der Natur auf Kinder und Erwachsene ist in letzter Zeit zunehmend in den Fokus gerückt – das ist sehr erfreulich. In den Städten wachsen immer mehr Stadtgärten, immer mehr Menschen bloggen über Urban Gardening, über Grünoasen, Selbstversorgung, Kompostierung und Imkerei auf den Dächern der Stadt, legen Hochbeete mit Kräutern und Gemüse an, was zu einem Gemeinschaftsgefühl der Bewohner beiträgt und die Lebensfreude erhöht. Das sind deutliche Zeichen, dass es sinnvoll ist, wieder «zurück zu seinen

1982

Wurzeln» zu finden, all die Geschenke, die die Natur für uns bereithält, neu zu entdecken und zu genießen. Das ist hoffentlich auch mit dem Wunsch verbunden, mehr Einsicht zu gewinnen, wie wir uns künftig besser um unsere Umwelt kümmern können. Ein Ziel dieses Buches ist es, das Bewusstsein für die Bedeutung der Natur zu schärfen, indem wir sie aktiver in unseren Alltag einbeziehen. Wir sollten uns alle fragen: Spüre ich ausreichend Natur in meinem Leben?

In den Achtzigerjahren konnte man in Dänemark im Rahmen einer Erziehungskampagne auf Schildern, Aufklebern und in Autowerbung die Frage lesen: «Hast du heute schon mit deinem Kind gesprochen?» Natürlich müssen wir auch heute noch mit unseren Kindern reden, aber gegenwärtig könnten wir genauso gut die Frage stellen: «Hatten Sie und Ihr Kind heute schon Kontakt zur Natur?»

Die aktuelle Entwicklung zeigt, dass immer mehr Menschen in Großstädte ziehen, die ständig wachsen, und Zukunftsforscher prognostizieren keine Aussicht auf eine Verlangsamung dieses Trends. Darum wird ein Großteil der zukünftigen Kinder in Städten und städtischen Gebieten aufwachsen. Um Naturerlebnisse zu ermöglichen, ist es jedoch nicht unbedingt erforderlich, draußen in die Wildnis zu gehen oder gar in die weit entfernte exotische Natur Australiens, Afrikas oder Indiens zu fliegen. Ein Naturerlebnis ist auch ein Spaziergang in einem Park, einem Garten oder eine Bootsfahrt auf dem See oder dem Meer. Es ist das Leben und Treiben im Freien selbst, das magisch auf uns wirken kann. Ob wir in der Großstadt leben oder auf dem Land, spielt keine so große Rolle – es geht darum, rauszukommen, egal ob man in der Stadt oder auf dem Land wohnt.

Das Gleiche gilt für Kindergärten und andere Kindertagesstätten. Ich kenne einige Kindergärten und Krabbelgruppen, die mit ihren Kindern bewusst zu einem nahegelegenen Park spazieren, statt den Spielplatz auf der anderen Straßenseite zu nutzen, auch wenn dies mit etwas höherem Aufwand verbunden ist. Für die Kleinen erweist sich der Spaziergang an sich als wertvoll, und wenn sie im Park ankommen, haben sie einen großartigen Ort erreicht, an dem sie sich austoben können. Es gibt auch Stadtkindergärten, die einen Naturschwerpunkt haben; vor Kurzem habe ich eine Einrichtung in einem ärmeren, dicht besiedelten Gebiet von Los Angeles besucht, die mithilfe von waldpädagogisch geschulten Erzieherinnen auf einem stillgelegten Parkplatz einen wunderschönen Außenbereich angelegt hat. Andererseits kenne ich Kindergärten direkt am Waldrand oder an anderen besonderen Naturplätzen, die diese Umgebung nie nutzen, weil sie das Drinnensein mehr schätzen oder lieber auf dem heimischen Spielplatz bleiben wollen. Vielerorts sind die Menschen jedoch unglaublich hartnäckig, wenn es darum geht, bessere Außenumgebungen für Kinder zu schaffen, und zu meiner großen Freude beobachte ich diese Beharrlichkeit vor allem in Städten.

Glücklicherweise gibt es inzwischen in vielen europäischen Ländern Bemühungen, die Städte grüner zu machen und urbane Naturinseln zu schaffen sowie die vorhandenen Flächen für die Freizeitnutzung verfügbar zu machen. Generell besteht die Tendenz, städtische Grünanlagen zur Erholung zu öffnen. Oft findet man auch im Internet Links zu Orten, wo man Natur in der Stadt genießen kann.

Selbstverständlich können Parks und städtische Grünflächen die Natur und die Erfahrungen, die man in einem Wald machen kann, nicht vollständig ersetzen. Wenn man Zeit und Energie hat, ist es immer gut, einen Tagesausflug in den Wald, an einen See oder einen ähnlichen Ort zu machen. Hat man diese Möglichkeit jedoch nicht, gilt: Ein bisschen Natur ist besser als gar keine.

Die Natur als Lernraum – für Groß und Klein

Wenn wir uns mit den Kindern in der freien Natur aufhalten, ist es wichtig, auch etwas über die Natur zu wissen, in der wir uns bewegen – nicht nur, weil es gut ist, gefährliche Pflanzen und Tiere zu kennen, sondern weil es unsere eigene und somit auch die kindliche Erfahrung bereichert. Wir Erwachsenen müssen Begeisterung, Hingabe und Respekt für alles zeigen, was uns zur Erfahrung werden kann. Durch unser Handeln zeigen wir, wie man auf die Natur achten kann: Wir handeln als Vorbild und brechen keine Äste ab, sondern zeigen den Kindern, dass es Äste auf dem Boden gibt, die wir benutzen können. Wenn wir draußen Müll oder Glassplitter finden, heben wir sie auf und packen sie in eine mitgebrachte Tüte. Dadurch wird in den Kindern das Fundament für den Respekt der Natur gegenüber gelegt; durch unser Vorbild und ihre Nachahmung entwickeln sie ein natürliches Verantwortungsbewusstsein für die Umwelt, das Klima und die Sorge um den Planeten, auch für künftige Generationen. Wenn Kinder das ganze Jahr über die Schönheit der Natur erlebt haben, wird in ihnen auch der Keim für die Liebe zur Natur gelegt, für die Faszination der Natur gegenüber – ein Keim, der in ihrem Inneren weiterwächst.

In der Natur wird man vertraut mit dem natürlichen Zyklus des Lebens. Im Frühjahr erleben wir, wie Vögel Nester bauen und Eier legen, und wenn die Eier ausgebrütet sind, können wir bald die kleinen Küken entdecken. Einige von ihnen fallen aus dem Nest; wir finden sie tot und verlassen auf der Erde liegend. Der Tod ist ein natürlicher Prozess und Teil des Ganzen. Wir Erwachsenen können zeigen, wie man das Tier begräbt, und unsere Dankbarkeit ausdrücken, dass es bei uns war. Das ist einfach, sinnvoll und gibt den Kindern auf natürliche Weise zu verstehen, dass alles, was lebt, im Kreislauf der Natur weitergehen muss.

Es ist ein aktueller Trend, Outdoor-Aktivitäten mit Kindern als «Wissenschaft» oder als «Naturwissenschaft» zu bezeichnen – Begriffe, die auch im Bildungsbereich eingesetzt werden, wenn zum Beispiel in Krippen und Kindergärten Seminare

Die Natur nach drinnen mitnehmen

Man kann die Jahreszeiten und Natur auch drinnen erleben, z.B. durch einen Jahreszeitentisch, der mit hübscher Seide in saisonalen Farben, mit Zweigen, Blättern, Beerenkränzen und anderen Gegenständen der jeweiligen Jahreszeit geschmückt ist. Man kann auch kleine Figuren, Puppen und dekorative Objekte aus dem basteln, was man in der Natur findet. Man kann Kräuter oder Brunnenkresse auf der Fensterbank oder auf Watte in einem Milchkarton anpflanzen und mit Hühnern oder Hasen dekorieren (z.B. gefilzt oder aus Pappe). Man kann Erntedank feiern, ein Erntedankbrot backen und einen Erntekranz flechten, Marmelade und andere regionale Lebensmittel einkochen. Indem wir das, was in der Natur geschieht, in unser Leben einbeziehen, spiegeln wir Stimmungen wider und schärfen das Bewusstsein davon, was draußen passiert.

Mit dem Kind in den Hof oder den Garten gehen

Je weniger geformt die Natur ist, desto besser. Ein Spielplatz wird schnell langweilig, und die Erwachsenen sitzen rasch nur auf einer Bank herum und verhalten sich passiv. In einem Garten kann man sich nützlich machen, etwas Sinnvolles vollbringen. Auch die Kinder finden hier mehr Möglichkeiten, sich einzubringen, mitzuhelfen und Verwandlung und Gestaltung zu erleben. Sie können graben, bei Regen Dämme bauen, Schneckenrennen im Gras veranstalten, Zweige für kleine Insektenhäuschen sammeln usw. Im Garten finden Prozesse statt, die lebendiger sind, als ein Spielplatz sein kann. Im Garten sind wir mit dem Leben selbst beschäftigt. Hat man also einen Garten oder einen anregenden Hof, sollte einen nichts daran hindern, die Kinder mitzunehmen und sie mitmachen zu lassen! Man kann auch den eigenen Spielplatz zu einem, kleinen Garten gestalten: ein paar Hochbeete oder ein Erdstreifen werden zu einem Gemüsegarten, oder man legt ein Stück Rasen an und pflanzt ein paar Bäume und Beerensträucher.

unter dem Titel «Naturwissenschaft für Erzieherinnen» angeboten werden. Der Ansatz der «Wissenschaftlichkeit» ist jedoch besetzt für ein Verständnis von Transformationsprozessen, die in der Natur und im Universum stattfinden.

Es scheint ein wenig hochtrabend, diesen Begriff zu verwenden, wenn man beobachtet, wie im Winter Eis schmilzt, wie Seifenblasen in den Himmel fliegen, strömendes Wasser verdampft, wie ein Keim wächst und vieles andere. Das sind Dinge, die immer wieder im Alltag eines Waldkindergartens vorkommen. Wir müssen meiner Meinung nach vorsichtig damit sein, schulähnliche Projekte im Kindergarten anzusetzen. Wir sind Erzieherinnen, keine Lehrerinnen, und ein intellektualisierendes Vorgehen kann im schlimmsten Fall den inneren Lern- und Forscherdrang des Kindes zerstören. Wir Erwachsenen müssen eine Umgebung schaffen, in der Raum für Wunder ist, eine Umgebung, die die Kinder zu Lebensmut anregt und durch ihre Begeisterung, in unserer wundervollen Welt auf Entdeckungsreise zu gehen, die kindlichen Willenskräfte stärkt.

Wenn doch die Natur und die Aktivitäten im Freien für Kinder so gesund sind, wie wir es beschrieben haben, mag es überraschen, dass es nicht noch mehr Wald- und Naturkindergärten gibt. Vielerorts existieren Mythen über Waldkindergärten, etwa die Vorstellung, dass Kinder dieser Einrichtungen drinnen nicht still sitzen können und deshalb nicht so gut lernen können und dass Waldkindergärten die Kinder nicht ausreichend auf die Schule vorbereiten. Doch eine ganze Reihe von Studien und Forschungsergebnissen, die wir auch in diesem Buch dargelegt haben, bezeugt das Gegenteil: Kinder, die viel Zeit in der Natur verbringen, können sich leichter konzentrieren, sie sind neugierig und haben gute soziale Kompetenzen. Die Rückmeldungen, die wir von Lehrerinnen und Lehrern bekommen, zeigen ebenfalls, dass Kinder aus Waldkindergärten eine sehr hohe Schulreife mitbringen.

In den letzten Jahren fand ein neues Konzept Einzug in die Bildungsdiskussionen: die «Draußenschule» bzw. «Unterricht im Freien», bei dem die Lehrkräfte den Unterricht mindestens an einem Tag in der Woche aus dem Klassenzimmer nehmen und sich auf das Lernen konzentrieren, das sich in der unmittelbaren Umgebung der Schule, in der Natur, der Gesellschaft und in kulturellen Einrichtungen abspielt. Das Ziel dabei ist, dass der Wissenserwerb durch Erfahrungen, Aktivitäten, Dialoge und Reflexionen stattfindet (Barfod und Bendix 2012). Die Befürworter des Konzeptes zählen eine Reihe von Vorteilen der Methode auf: größere wissenschaftliche Fähigkeiten, weil man schneller motiviert wird, wenn der Ausgangspunkt bei etwas Konkretem liegt; ein höheres Lernvermögen, da die Konzentrationsfähigkeit der Kinder stärker ausgeprägt ist, wenn sie draußen sind; gesündere Kinder mit höheren motorischen Fähigkeiten; ein facettenreicheres Lernen, weil verschiedene Ebenen mit einbezogen werden, und ein besseres Verständnis für soziale Prozesse.

Die Argumente für eine Schule im Freien werden von Studien unterstützt, die zeigen, dass Kinder durch den Einsatz ihres Körpers besser lernen (Fredens 2018). Wir hören von vielen Kindern, die unter den Bedingungen der traditionellen Schule Lernschwierigkeiten haben. Aber vielleicht sind ja nicht die Kinder das Problem, die nicht still in einem Klassenzimmer sitzen wollen! Vielleicht ist es an sich problematisch, dass Schulen heute so ausgerichtet sind, dass der Unterricht hauptsächlich sitzend im Klassenzimmer stattfindet, vor einer Tafel oder einem Bildschirm; in dieser Form läuft die Lernsituation eigentlich der kindlichen Natur zuwider, die danach strebt, sich zu bewegen und mit dem Körper zu lernen.

Wir glauben, dass optimales Lernen nicht dadurch stattfindet, dass man die Kinder aktiv mit Wissen füllt, sondern indem man ihre Neugier und ihre Motivation zum Wissenserwerb weckt. Daher besteht die wesentlichste Aufgabe von Lehrkräften darin, eine anregende Umgebung zu schaffen, in der dieses Verlangen und dieser Wissensdurst von selbst entstehen. Die Natur ist ein großartiger Ort zum Staunen. Kinder erleben die Prozesse der Natur sehr konkret, indem sie die Dinge anfassen und spüren. Indem sie staunen, wird ihre Neugier angeregt, und der Antrieb wird geweckt, noch mehr zu entdecken.

Durch das Erleben der Natur erwerben sich Kinder die Grundlage für ein Verständnis des Lebens und eine Einsicht in die großen Zyklen in uns und um uns herum. Wenn sie mit Steinen, Zweigen, Holz, Blättern und anderen Naturmaterialien bauen und spielen, entsteht etwas Lebendiges, Aufbauendes in ihnen – das ist ein kreativer Prozess, der ihnen ein Gespür für die vielen Möglichkeiten vermittelt und ihnen zeigt, dass nur ihre eigene Fantasie ihnen Grenzen setzt.

Fühlt sich das Kind in der Natur geborgen und taucht hier tief ins Spiel ein, sodass es mit ihr verbunden ist, wird diese Beziehung, die Freude an der Natur, wahrscheinlich ein ganzes Leben lang anhalten. In der Folge entwickelt sich bei dem Kind auch ein Verantwortungsgefühl gegenüber der Natur – die ja unser aller Natur ist.

1982

13

Nachwort

> «Wenn künftige Generationen sich mit Dankbarkeit an uns erinnern sollen und nicht mit Verachtung, müssen wir ihnen mehr als nur die Wunder der Technik hinterlassen. Wir müssen ihnen auch einen Einblick in die Welt geben, wie sie am Anfang war, und nicht, wie wir sie ihnen hinterlassen haben.»
>
> *Lyndon B. Johnson*

Wenn ich die Kinder in der Natur spielen sehe, beobachte ich, dass sie eine tiefe Verbindung zu ihr aufbauen. Die innere Konzentration, die dabei geweckt wird, ist ein Geschenk; die Kinder sind dann wahrhaftig anwesend und finden auch zu sich selbst und zu tiefer Entspannung. In unserer Gesellschaft mag es viel Lärm geben, aber in der Natur haben wir die Möglichkeit, eine besondere Stille zu erleben – im Zusammenklang mit den Lauten, die uns dort umgeben und die Frieden und Ruhe stiften, eine innere Pause ermöglichen.

Naturpädagogik ist aus verschiedenen Gründen, die wir in den vorigen Kapiteln beschrieben haben, förderlich für die Gesundheit. Ich glaube, dass es in unserer eigenen Natur liegt, mit der Natur draußen verbunden zu sein. Wir leben seit Urzeiten in ihr, und diese Verbindung ist tief in unsere DNA eingeschrieben. Sie ist ein Teil des menschlichen Wesens – was wir gerne vergessen, weil der Mensch in den beiden letzten Jahrhunderten so sehr nach technologischem Fortschritt strebte und die Grenzen dessen, was bisher für möglich gehalten wurde, immer weiter überschritten hat. Das brachte beeindruckende Erfolge und Erfindungen mit sich, die unser Leben in vielen Bereichen erleichtern, in anderen jedoch verkomplizieren. Als Konsequenz dieser Entwicklung haben wir uns von der Natur entfremdet – und dadurch auch von unserer eigenen Natur. Richard Louvs Theorie des Naturdefizitsyndroms (siehe S. 34ff.) zeigt diesen existenziellen Verlust: Uns fehlt etwas, das einmal ein Teil von uns war.

Beim Schreiben hatte ich die Gelegenheit, über das kindliche Bedürfnis nachzudenken, eine natürliche Umgebung um sich zu haben. Seit vielen Generationen sind wir so sehr auf Weiterentwicklung ausgerichtet, dass wir den Wert dieses Bedürfnisses aus dem Blick verloren haben, dass wir vergessen haben, warum es so elementar ist. Für unsere Kinder – und die Generationen nach ihnen – werden die Naturzerstörung und der Klimawandel zu Rahmenbedingungen werden, deren gewaltige Auswirkungen wir gerade erst zu verstehen beginnen. Es ist an der Zeit, Verantwortung zu übernehmen, Maßnahmen zu ergreifen und die notwendige Verbindung zur Natur wiederherzustellen, damit wir sie – und dadurch auch uns selbst – besser verstehen lernen. Darauf aufbauend, können wir bewusster handeln, um die Natur zu schützen, damit wir sie auch in Zukunft noch haben werden und eine Verbindung zu ihr aufbauen können.

Wie Helle Heckmann im Vorwort sagte: «Wenn die Natur nicht zu uns kommen kann, dann sollten wir zu ihr kommen.» Ein Leben in der Natur sollte für alle Kinder möglich sein. Ich weiß, dass wir nicht alle Kindergärten und Schulen in die Natur umsiedeln können, aber wir können ein Bewusstsein bilden, indem wir Spielplätze und Gelände so gestalten, dass Kinder sich dort gut aufhalten können. Wir können fantastische Oasen schaffen, sogar mitten in der Stadt, die viele sinnliche Naturerlebnisse ermöglichen. Vielerorts konnte ich beobachten, dass dies machbar ist, und ich hoffe, dass noch mehr solcher Initiativen den Kindern der Zukunft zugute kommen werden. Daher: Gehen wir nach draußen, schauen wir nach oben, beobachten den Himmel und spüren, wie sich die Freude vom Kopf bis in die Zehen ausbreitet!

Anhang

Wir haben hier einige weiterführende Inhalte zusammengestellt, die manches erweitern, was im Buch schon angesprochen wurde, und die den besonders interessierten Leserinnen und Lesern zusätzliche Informationen und Anregungen zu einzelnen Themen bieten sollen.

Über die Vision und die Werte von Bonsai

Unser übergeordnetes pädagogisches Ziel lautet: *Alle Kinder in der Kinderinsel Bonsai sollen liebevolle und nachahmenswürdige Erwachsene um sich herum haben, die sich darum bemühen, dass das innere Licht jedes einzelnen Kindes aufleuchten kann.*

Deshalb legen wir Wert auf ...

- ... ruhige Rahmenbedingungen, in denen kleine Kinder auch wirklich noch Kind sein dürfen, in denen sie spielen und sich entfalten dürfen
- ... einen Alltag mit Natur und Bewegung, in dem die Sinne der Kinder stimuliert werden
- ... Zeit zum Spielen, damit die Kinder ihr Selbstvertrauen und ihre Vorstellungskraft durch gemeinschaftliches und individuelles Spiel erweitern können
- ... einfaches Spielzeug aus natürlichen Materialien. Wir richten uns nach dem Grundsatz, dass einfache und echte Materialien die besten Sinneserfahrungen bieten und die Fantasie anregen.
- ... Ästhetik: Wir glauben, dass sichere, schöne, ruhige und vertraute Umgebungen sich positiv auf die Stimmung des Kindes auswirken.

- … einen angepassten, lebendigen und harmonischen Tagesrhythmus. Wenn es einen festen, lebendigen, an die kindlichen Grundbedürfnisse angepassten Rhythmus gibt, fühlt sich das Kind geborgen und hat somit die Möglichkeit, sich frei, in Harmonie und mit Vertrauen in die Welt zu entwickeln.
- … gesunde und nahrhafte Kost. Deshalb essen wir vegetarisch und biologisch und, soweit möglich, biologisch-dynamisch.
- … Präsenz und Verständnis für jedes einzelne Kind
- … eine gesundheitsfördernde Pädagogik mit dem Schwerpunkt darauf, das Selbstwertgefühl des Kindes zu stärken, damit es gut in seinem Körper ankommen kann
- … Elemente, die wir dem Kind in seinem Alltag anbieten und die seine Fantasie und seine Entwicklung anregen, beispielsweise Märchen, Reigen und tägliches Singen
- … die Förderung der Nachahmungsfähigkeit des Kindes. Kinder imitieren und spiegeln alles, was in ihrer Umgebung lebt. Daher ist es entscheidend, dass wir Erwachsenen als nachahmenswerte Vorbilder handeln. Wir tun dies, indem wir uns immer dessen bewusst sind, wie wir uns verhalten, wie wir sprechen und wie wir mit den Kindern umgehen.

  Der Gesichtspunkt von Vorbild und Nachahmung gilt auch für die physische Umgebung des Kindes, die wir möglichst nachahmenswert und harmonisch zu gestalten versuchen.
- … einen guten Kontakt zu den Eltern, der es möglich macht, dass eine Brücke zwischen dem Zuhause und der Institution gebaut wird und ein gegenseitiges Bewusstsein dem Kind gegenüber gewährleistet. Das Kind muss sich auf dieser Brücke sicher hin und her bewegen können; darum ist sie aus Sorgfalt, Ehrlichkeit und gegenseitigem Vertrauen errichtet.

Über das Menschenbild und die Pädagogik Rudolf Steiners

Unsere Pädagogik im Waldkindergarten Bonsai hat ihren Ausgangspunkt in der Lehre Rudolf Steiners (1861–1925). Steiner war Philosoph und Begründer der Anthroposophie, einer Bewegung, die auf dem Grundgedanken basiert, dass der Mensch ein geistiges Wesen ist, das in seiner Gesamtheit aus Körper, Seele und Geist besteht. Anthroposophie bedeutet, wörtlich übersetzt, die «Weisheit vom Menschen».

Rudolf Steiner hat aus der Anthroposophie heraus auch den Anstoß zur Gestaltung praktischer Lebensbereiche gegeben; so entstanden neben der Waldorfpädagogik u. a. die anthroposophische Medizin, organische Bauimpulse in der Architektur und die biologisch-dynamische Landwirtschaft. Rudolf Steiners Menschenbild liegt, kurz gefasst, der Ansatz zugrunde, den gesamten Menschen zu verstehen und mit einzubeziehen, nicht nur einzelne Fähigkeiten oder Teile seiner Persönlichkeit. Auf diese Weise kann das Kind in sich ruhen und dabei den Mut fassen, die Welt zu erkunden.

Die erste Waldorfschule wurde 1919 in Stuttgart gegründet. Seither hat sich die Waldorfpädagogik in zahlreichen Ländern und in allen Kontinenten ausgebreitet; weltweit gibt es derzeit (2021) fast 1200 Waldorf- oder Rudolf-Steiner-Schulen und über 1800 Waldorfkindergärten.

Rudolf Steiner war unglaublich produktiv; es gibt Vortragsnachschriften von mehr als 5000 Vorträgen, die er in vielen verschiedenen Städten Deutschlands und in anderen europäischen Städten hielt. Zusammen mit all seinen Schriften hinterließ er damit ein beeindruckendes Lebenswerk. In seinen Vorträgen machte er oft konkrete Angaben und beschrieb Methoden für die verschiedenen Arbeitsbereiche.

In diesem Zusammenhang bietet es sich an, hier einige Kernpunkte seiner Pädagogik wörtlich wiederzugeben:

> «Jede Erziehung ist Selbsterziehung, und wir sind eigentlich als Lehrer und Erzieher nur die Umgebung des sich selbst erziehendes Kindes. Wir müssen die günstigste Umgebung abgeben, damit an uns das Kind sich so erzieht, wie es sich durch sein inneres Schicksal erziehen muss.»
>
> *Rudolf Steiner, GA 306, 1923, S. 131*

> «Man kann nicht auf die Verstandesbeurteilung des Kindes bauen, sondern man muss durchschauen, wie das Kind annehmen will, was ihm als wahr, gut, schön entgegentritt, weil es sieht, dass sein vorbildlicher Erzieher dies für wahr, gut, schön hält. Dazu muss dieser Erzieher so wirken, dass er gewissermaßen das Wahre, Gute und Schöne dem Kinde nicht bloß darstellt, sondern es *ist*. Was er *ist*, geht auf das Kind über, nicht, was er ihm *lehrt*. Alle Lehre muss wesenhaft, im *Vorbilde* vor das Kind hingestellt werden. Das Lehren selbst muss ein Kunstwerk, kein theoretischer Inhalt sein.»
>
> *Rudolf Steiner, GA 36, 1922, S. 287f.*

Eines der wichtigsten praktischen Merkmale der Waldorfpädagogik in Kindergarten und Krippe ist, dass wir die Kinder in erster Linie Kinder sein lassen – Kinder, die spielen, die frei sind und mit den Sinnen wahrnehmen können. Das Kind lernt vor seinem siebten Lebensjahr durch Nachahmung und nicht durch verstandesmäßige Erklärung. Wir erklären den Kindern nicht, was wir tun – wir tun es einfach. Ein sehr zentraler Teil der Steinerschen Pädagogik liegt darin, dass Erwachsene positive und nachahmenswerte Autoritäten sein sollen (siehe dazu die Zitate). Sie müssen mit ihrem eigenen Verhalten und Handeln die erwünschte Stimmung erzeugen – sowohl zu Hause als auch in der Kindertagesstätte. Weil das Kind in seinen ersten sieben Lebensjahren seine Umgebung imitiert, ist das Verhalten der Erwachsenen entscheidend für seine Entwicklung. Essen die Erwachsenen ruhig und genussvoll ihre Mahlzeiten, tut das Kind es ihnen gleich.

Erwachsene sollten Kinder mit Respekt behandeln, damit sie lernen, anderen gegenüber respektvoll zu sein. Steiner weist darauf hin, dass jede Erziehung Selbsterziehung ist. Das bedeutet: Wenn die Erwachsenen sich selbst erziehen, d.h. sich ihres Verhaltens bewusst werden und danach streben, in Wort und Tat ein nachahmenswertes Vorbild zu sein, dann wird auch das Kind dazu ermutigt, sich in Übereinstimmung mit dem Verhalten des Vorbilds selbst zu erziehen. Dadurch erfolgt die Erziehung des Kindes auf subtile Weise und muss im Idealfall nicht explizit erklärt werden.

Es gibt verschiedene Themen, die für die Art und Weise, wie die Waldorfpädagogik altersentsprechend auf das Kind zugeht, zentral sind. Wichtig sind hier vor allem Siebenjahresperioden:

In dem ersten Zeitraum (von 0 bis 7), in dem die Kinder durch Nachahmung lernen, schaffen wir eine Umgebung, die sicherstellt, dass das Kind spüren kann: *Die Welt ist gut.* Wir führen gute, sinnvolle Handlungen aus, zeigen Vertrauen und Wertschätzung und bieten dem Kind eine sichere und gute Umgebung. Steiner war der Ansicht, dass das Kind bis zum siebten Lebensjahr vor allem durch Ruhe und Rhythmus gedeiht. Es entwickelt sich am besten, etwa in Bezug auf seine Willens- und seine Fantasiekräfte, wenn sein Alltag rhythmisch und vorhersehbar strukturiert ist. Dadurch kann das Kind im Augenblick leben, ohne sich Sorgen machen zu müssen, was wohl als Nächstes passiert.

In der zweiten Periode (von 7 bis 14) sollten wir den Kindern einen Rahmen bieten, der ihnen innerlich das Gefühl gibt: *Die Welt ist schön.* Sie sollen erleben können, dass es schöne Dinge wie Musik und Kunst gibt, die man sich gerne aneignet. Wir zeigen ihnen, dass die Welt schön ist, und dieses Gefühl breitet sich in ihnen aus. Die Erwachsenen um das Kind sind für den heranwachsenden Menschen in dieser Zeit geliebte Autoritäten, und es ist die Liebe der Erwachsenen dem Kind gegenüber, die dieses Gefühl der Schönheit vermitteln kann.

Im dritten Zeitabschnitt (von 14 bis 21) beginnt der junge Mensch zu reflektieren, zu argumentieren und für das einzutreten, was für ihn persönlich wahr ist. Hier entwickelt sich die eigenständige Urteilskraft, wodurch sich *eine wahre Welt* eröffnet. Die Aufgabe der Erwachsenen liegt jetzt darin, Raum für Reflexion, Diskussion, Denkanstöße und Inspiration zu schaffen, damit der Jugendliche selbstständiges Denken und unabhängiges Urteilen entwickeln kann. Auf diese Weise wird es für den jungen Menschen bedeutsam, dass die Welt wahr ist.

Die Lebenskräfte und die aufbauenden Formkräfte des Kindes

Wir arbeiten in der Pädagogik mit dem, was Rudolf Steiner als «Äther»- oder «Bildekräfte» bezeichnete; am besten übersetzen wir das in die heutige Sprache mit dem Ausdruck «Lebenskräfte». Die Lebenskräfte bauen den Menschen etwa bis zum 35. Lebensjahr auf und werden dann allmählich schwächer. Die Lebenskräfte sind diejenigen Kräfte, die den physischen Körper vollständig durchdringen, ihn beleben und erhalten. Alles, was mit Wachstum, Bewegung und Aufbau zu tun hat, hängt mit den Tätigkeiten des sogenannten Lebensleibs zusammen. Zu den Lebenskräften gehören auch die Fantasie und die Immunabwehr. Bewegung und Fantasie erneuern die Lebenskräfte – deshalb muss das Kind rausgehen und Erfahrungen sammeln, Gefühle ausleben und die Welt spüren und sollte möglichst von Natur umgeben sein.

Die Lebenskräfte sind bei Kindern am stärksten; besonders im Alter von null bis sieben Jahren sind sie die dominanteste Kraft im Menschen. In dieser Phase wirkt der Lebensleib am Aufbau des physischen Leibs, er formt die Organe und nicht zuletzt das Gehirn. Alles, was benötigt wird, um einen gesunden Körper auszubilden, geht auf die Wirkungen des Lebensleibs zurück. Daher muss das Kind besonders in den ersten sieben Lebensjahren genügend Eindrücke auf sich wirken lassen können, die die Lebenskräfte aufbauen. Kinder wachsen und gedeihen durch die Lebenskräfte. Wir pflegen diese Kräfte und nähren sie, indem wir für Ruhe, Wiedererkennbarkeit und Rhythmus sorgen – für all das, was das Kind seelisch stärkt, statt es zu stören.

Die Natur erweist sich als das beste Element für das kleine Kind, denn sie ist lebendig und in Bewegung und gibt dem Kind dadurch die Möglichkeit, mit aufbauenden und stärkenden Kräften aufzuwachsen. Werden die kindlichen Lebenskräfte in den ersten sieben Jahren geschwächt, so führt Steiner aus, dann habe dies Konsequenzen für die Gesundheit im späteren Leben.

Es ist interessant, dass viele der neueren Forschungsergebnisse Rudolf Steiners Gedanken bestätigen. Man stellte beispielsweise erst vor wenigen Jahren fest, dass Kinder durch Spiegelneuronen im Gehirn lernen. Das heißt: Sie lernen durch Nachahmung und Imitation von Handlungen wichtiger Bezugspersonen in ihrer Nähe; in diesen Vorgängen findet also eine ständige Spiegelung statt. Und genau dies ist die wissenschaftliche Grundlage für ein wesentliches Element der Waldorfpädagogik.

Einige Erfahrungen von Eltern, die ihr Kind in einen Waldkindergarten schicken

Im Kontext dieses Buchs befragten wir einige Eltern, welche Erfahrungen sie mit ihren Kindern gemacht haben, die in unseren Kindergarten gehen. Wir fragten nach Vor- und Nachteilen sowie den Gründen für die Wahl eines Waldkindergartens. Hier die Stimmen einiger Kindergarteneltern:

«Ich glaube, dass es für meinen Sohn gesund ist, draußen in der Natur zu sein. Es trägt dazu bei, dass er sich körperlich und geistig in großartiger Weise durch frische Luft, durch Sinneseindrücke in Form von Düften im Wald und durch die vielen Farben, die es im Freien gibt, entwickeln kann. Er kommt mit verschiedenen Tieren in Kontakt, die draußen leben; dadurch lernt er, andere Formen des Lebens zu respektieren. Er darf sich austoben und kann grob- und feinmotorische Fähigkeiten trainieren. Ich merke, dass sein Selbstvertrauen und sein Selbstwertgefühl durch das Einssein mit der Natur gestärkt wird. Es ist also ein aufbauender Prozess, der wunderbar heilsam ist.»

«Wir hatten vor Kurzem ein Lagerfeuer [ein Laternenfest mit Beteiligung der Eltern, Anm. R.R.], wo wir das Licht der Flammen beobachteten und dem Gesang und dem Trommeln der Erzieherin lauschten. Ich finde, es ist ganz offensichtlich, warum diese Dinge so positiv sind und miteinander im Einklang stehen. Die Verbindung, die die Kinder zur Natur und zur Musik aufbauen, ist ganz wesentlich. Es ist tatsächlich schwer zu beschreiben ... Man sieht es an den roten Wangen der Kinder, an ihrer Freude über eine Schnecke oder den Duft der Blumen ... wie mein Sohn sagt: ‹Es duftet schön.› So stolz zu sein, weil man klettern kann; die Begeisterung über einen Stein oder einen geschnitzten Stock teilen zu können; im Feuerschein sitzen und sich hingeben zu können – all das ist ein gewaltiges Gegengewicht zur destruktiven Bildschirmzeit und zu kaltem LED-Licht, zu blinkendem Spielzeug, das Kinder einfach nur ‹abstellt› und ihnen Kreativität und Willen raubt.»

Mehrere Familien erzählen, wie es ihr Gewissen entlastet und sie es als Bereicherung und Alltagshilfe wahrnehmen, dass ihr Kind tagsüber so viel draußen ist:

«Dass die Kinder in der Natur Wind und Wetter ausgesetzt sind, ist ein Vorteil. Wir sind selbst keine besonders naturorientierten Menschen, umso großartiger ist es, dass unser Kind im Kindergarten all das erleben darf. Es entlastet das Gewissen, wenn man selbst keine Zeit hat, in den Wald hinauszugehen.»
«Wie gut zu wissen, dass das eigene Kind den ganzen Tag an der Luft war – dann müssen wir kein schlechtes Gewissen haben, wenn wir gemeinsam nur drinnen sind, kochen, essen und den Abend gemütlich verbringen.»

Sein Kind in Fremdbetreuung zu geben bedeutet auch, sich anderen Traditionen und Einflüssen gegenüber zu öffnen:
«Es bringt Singspiele und Jahreszeitenfeste in unser Leben.»

«Ich kann mich als Elternteil darauf verlassen, dass mein Kind einen Baum hochklettern kann, auch wenn es manchmal schwerfällt, die Kontrolle abzugeben und es zu erlauben.»

«Wir möchten, dass unsere Kinder ihre Kreativität frei entwickeln können und nicht zu schnell in eine bestimmte Denkweise gepresst werden – und dass sie rauskommen, in der frischen Luft das Wetter, die Natur, Vögel, Geräusche und Jahreszeiten mit ihren Übergängen kennenlernen. Seitdem haben wir die Philosophie des Rhythmus und den Gedanken, durch gutes Beispiel zu führen, als etwas entdeckt, das wir uns zu Herzen nehmen und auch zu Hause pflegen. Wir haben durch den Waldkindergarten ein Geschenk erhalten.»

Die Eltern eines Jungen beschreiben, wie sie sich darüber freuen, wenn sie den Einfluss des Waldkindergartens auf ihr Kind spüren:
«Wir nehmen einen Jungen mit nach Hause, der auf die richtige Art und Weise müde ist. Er hat sich den Großteil des Tages in natürlichem und hügeligem Gelände bewegt, ist geklettert, hat gegraben und die Wunder der Natur erkundet. Er entwickelt sich motorisch und körperlich sehr gut, und wir erleben, dass er die Welt unglaublich stark und robust in sich aufnimmt – Kälte, Regen und Schneeregen stehen seiner Lust, ins Freie zu gehen und sich dort zu bewegen, nicht im Weg. Wir bekommen mit, dass er in seinem Spiel im Wald wichtige Themen seiner Umgebung bearbeitet, so z.B. den Wechsel der Jahreszeiten, Pflanzen und die Entstehung und Vergänglichkeit im Tierreich und des Lebens generell. Das Erstaunlichste an seinem Alltag im Wald ist, womit er fast täglich nach Hause kommt: mit Stöcken und Steinen. Für ihn sind sie aber nicht nur Stöcke und Steine; in einem großen Blumentopf lagern wir jetzt Rechen, Rasenmäher, Fahrradpumpen, Fernbedienungen, Pferde, Räder usw. – alles in Form von Stöcken. Mit den Dingen zu spielen, die im Wald verfügbar sind, trägt maßgeblich dazu bei, dass seine erstaunliche Fantasie erhalten bleibt und gefördert wird, was wir jeden Tag miterleben dürfen.»

Es hat Vor- und Nachteile, wenn man sein Kind in eine Einrichtung außerhalb der Stadt schickt, wo die Kinder mit einem Bus aus dem Zentrum zu einem Platz in der Natur gefahren werden, wie das in unserem Kindergarten etwa bei der Hälfte der Kinder der Fall ist. Hier sind einige Überlegungen dazu und wie man die damit verbundenen praktischen Fragen lösen kann:
«In erster Linie stört die Entfernung. Unser Junge ist weit weg, und wir haben nicht die Möglichkeit, schnell vorbeizukommen und ihn früher abzuholen.»

«Es ist bedeutend schwieriger, im Kindergarten vorbeizukommen und andere Kinder und Erzieherinnen zu treffen, die Stimmung mitzukriegen und zu sehen, welche Ersatzkleidung ausgeht usw. Da wir unser Kind selten vor Ort abholen, schauen wir erst in die Vergissmeinnicht-Box oder tauschen Extrakleidung aus, wenn wir für ein Jahreszeitenfest oder bei einer Elternversammlung vor Ort sind.»

«Es stellt besondere Anforderungen an die Kleidung, und wir informieren uns häufiger über das Wetter und die Jahreszeit als früher. Außerdem stellt dieses Modell hohe Anforderungen an unsere Flexibilität, da die Kinder zu einem bestimmten Zeitpunkt an einem bestimmten Ort den Bus kriegen müssen.»

«Ich rede viel mit den Erzieherinnen im Bus und kläre mit ihnen praktische Angelegenheiten und Kleidungsfragen und tausche mich über Alltagssorgen mit ihnen aus.»

«Wenn mein Junge vom Waldkindergarten nach Hause kommt, ist er sehr müde – aber auf genau die richtige Art und Weise. Wir erleben es daher nicht unbedingt als passend, nach dem Kindergartentag noch Freizeitaktivitäten einzuplanen, wie es einige unserer Freunde und Bekannten mit ihren Kindern tun. Das fehlt uns aber nicht, denn wir wissen, dass er die Herausforderungen und Eindrücke bekommt, die er braucht. Wenn wir nach Hause kommen, soll er sich ausruhen.»

Quellen und Literatur

Ejbye-Ernst, Niels (2012): *Pædagogers formidling af natur i naturbørnehaver.* PhD afhandling Århus Universitet. Institut for Uddannelse og Pædagogik.

Ejbye-Ernst, N. & D. Stockholm (2014): Pedagogical work outside the kindergarten – outdoor play and learning, in: Hygum E. & P. Møller Pedersen (Hrsg.): *Early Childhood Education. Values and Practices in Denmark.* Via Systime.dk.

Ejbye-Ernst, Niels & Olav Lysklett (2015): Er naturen farlig? Om børns leg i naturbørnehaver, in: Sandseter, E. B. H. & J. O. Jensen (Hrsg:): *Vildt og Farligt – Om børns og unges bevægelseslege.* Akademisk Forlag.

Elverkilde, Stine (2017): *Ledelse af kvalitet i pædagogisk praksis. Synlig læring og kvalitetsudvikling i dagtilbud.* Dafolo.

Fredens, Kjeld (2018): *Læring med kroppen forrest.* Hans Reitzels Forlag.

Grahn, Patrik, Fredrika Mårtensson, Bodil Lindblad, Paula Nilsson, Anna Ekman (2000): *Børns udeleg. Betingelser og betydning.* Forlaget Børn & Unge.

Glöckler, Michaela, Wolfgang Goebel, Karin Michael (2018): *Kindersprechstunde. Ein medizinisch-pädagogischer Ratgeber.* 21. Auflage, Urachhaus.

Hart, Susan & Ida Møller (2001): Børn, neuropsykologi og udvikling – om udviklingsforstyrrelser hos børn belyst ud fra det dynamiske samspil mellem neuropsykologiske og udviklingspsykologiske faktorer. *Kognition & Pædagogik,* Nr. 39.

Hart, Susan (2016A): *Neuroaffektiv udviklingspsykologi 1: Makro- og mikroregulering.* Hans Reitzels Forlag.

Hart, Susan (2016B): *Neuroaffektiv udviklingspsykologi 2: Fra tilknytning til mentalisering.* Hans Reitzels Forlag.

Hyltoft, Ole (1986): *Snyd fanden for en taber.* Frie Børnehaver – Forlag og Service.

Kaplan, Rachel & Stephen Kaplan (1989): *The Experience of Nature. A Psychological Perspective.* Cambridge University Press.

Lerstrup, Inger (2016): *Green Settings for Children in Preschools. Affordance-based Considerations for Design and Management.* PhD Thesis April 2016. University of Copenhagen.

Louv, Richard (2014): *Das letzte Kind im Wald? Geben wir unseren Kinder die Natur zurück!* Beltz.

MacNamara, Deborah (2018): *Barnets udvikling gennem tilknytning og leg.* Blue Pearl.

Sandseter, Ellen Beate Hansen (2015): Boblende glæde og et sug i maven: risikofyldt leg i daginstitutionen, in: Sandseter, E. B. H. & J. O. Jensen (Hrsg:): *Vildt og Farligt – Om børns og unges bevægelseslege.* Akademisk Forlag.

Selhub, Eva M. & Alan C. Logan (2014): *Your Brain on Nature. The Science of Nature's Influence on your Health, Happiness and Vitality.* Collins.

Soesman, Albert (2019): *Die zwölf Sinne – Tore der Seele. Eine Einführung in die Anthroposophie.* 9. Auflage. Verlag Freies Geistesleben.

Steiner, Rudolf (1907 / GA 34): Die Erziehung des Kindes vom Gesichtspunkte der Geisteswissenschaft, in: *Lucifer – Gnosis. Grundlegende Aufsätze zur Anthroposophie und Berichte aus den Zeitschriften «Luzifer» und «Luzifer – Gnosis»,* [2]1987. Rudolf Steiner Verlag.

Steiner, Rudolf (1922 / GA 36): Ein Vortrag über Pädagogik während des französischen Kurses am Goetheanum, 16.9.1922, in: *Der Goetheanumgedanke inmitten der Kulturkrisis der Gegenwart. Gesammelte Aufsätze 1921 – 1925 aus der Wochenschrift «Das Goetheanum»,* [2]2014. Rudolf Steiner Verlag.

Steiner, Rudolf (1912 / GA 40): Anthroposophischer Seelenkalender, in: *Wahrspruchworte,* [10]2018. Rudolf Steiner Verlag.

Steiner, Rudolf (1922 / GA 212): *Menschliches Seelenleben und Geistesstreben im Zusammenhange mit Welt- und Erdentwicklung,* Vortrag vom 26. Mai 1922, [2]1998. Rudolf Steiner Verlag.

Steiner, Rudolf (1923 / GA 229): *Das Miterleben des Jahreslaufes in vier kosmischen Imaginationen,* Vortrag vom 5. September 1923, [8]1999. Rudolf Steiner Verlag.

Steiner, Rudolf (1923 / GA 306): *Die pädagogische Praxis vom Gesichtspunkte geisteswissenschaftlicher Menschenerkenntnis,* Vortrag vom 20.4.1923, [4]1989. Rudolf Steiner Verlag.

Steiner, Rudolf (1924 / GA 308): *Die Methodik des Lehrens und die Lebensbedingungen des Erziehens.* [5]1986. Rudolf Steiner Verlag.

Vigsø, Bent & Vita Nielsen (2006): *Børn og udeliv.* CVU Vest Press.

Williams-Siegfriedsen, Jane (2017): *Understanding the Danish Forest School Approach. Early Years Education in Practice.* Routledge.

Internetquellen

2017 – Faktaark om børns anvendelse af naturen. Center for Børn og Natur. Københavns Universitet. http://centerforboernognatur.dk/dokumenter/Fakta_om_b_rns_anvendelse_af_naturen_til_web.pdf

2017 – Faktaark om potentialer ved børns brug af naturen. Center for Børn og Natur. Københavns Universitet. http://centerforboernognatur.dk/dokumenter/Fakta_om_potentialer_ved_b_rns_brug_af_naturen_til_web.pdf

2015 – Elholm et al.: http://newsroom.au.dk/nyheder/vis/artikel/risiko-for-allergi-er-forskellig-ismaa-og-store-by-miljoeer/

2015 – Skaarup Blendstrup, Tina: Bevægelse er fundamental for børn. http://dcum.dk/artiklerog-debat/bevaegelse-er-fundamental-for-boern

2012 – Barfod, Karen & Malene Bendix: Udeskole – viden i virkeligheden. En kort vejledning om udeskolens praksis og didaktik. Skoven i Skolen og VIA University College. http://www.skoveni-skolen.dk/sites/skoven-i-skolen.dk/files/filer/PDF-filer/udeskole_printnet_final.pdf

Links

Bonsai Institut: www.bonsaiinstituttet.dk

Zentrum für Kinder und Natur (Center for Børn og Natur): https://centerforboernognatur.dk

Naturschutzbund Dänemark (Danmarks Naturfredningsforening): https://www.dn.dk

Wald in der Schule (Skoven i skolen): http://www.skoven-i-skolen.dk

Internationale Vereinigung der Waldorfkindergärten e.V.: www.waldorfkindergarten.de

Bund der Freien Waldorfschulen: www.waldorfschule.de

Bundesverband Natur- und Waldkindergärten: www.bvnw.de

Bundesarbeitsgemeinschaft der Landesverbände der Wald- und Naturkindergärten: www.waldkindergaerten-deutschland.de

Weiterführende Literaturtipps

Brown, Siri & Rikke Rosengren (2014): *Barnets sangperler.* Blue Pearl.

Cevales-Labonde, Cristina (2020): *Jahreszeitentische.* 2. Auflage. Verlag Freies Geistesleben.

Compani, Marie-Luise und Peter Lang (Hrsg., 2015): *Waldorfkindergarten heute. Eine Einführung.* Neuauflage in Vorbereitung. Verlag Freies Geistesleben.

Heckmann, Helle (2012): *I haven – er leg læring. A garden for work and play.* Isis.

Jaffke, Freya (2012): *Spielen und arbeiten im Waldorfkindergarten.* 4. Auflage. Verlag Freies Geistesleben.

Kraul, Walter (2006): *Spielen mit Feuer und Erde.* 5. Auflage. Verlag Freies Geistesleben.

Kraul, Walter (2006): *Spielen mit Wasser und Luft.* 7. Auflage. Verlag Freies Geistesleben.

Kutik, Christiane (2018): *Das Jahreszeitenbuch.* 13. Auflage. Verlag Freies Geistesleben.

MacNamara, Deborah (2018): *Barnets udvikling gennem tilknytning og leg.* Blue Pearl.

Rosengren, Rikke & Nana Lyzet (2014): *Mad og nærvær.* Frydenlund.

Rosengren, Rikke (Hrsg.) (2016): *Barnets eventyrperler.* Blue Pearl.

RIKKE ROSENGREN, geboren 1974, absolvierte eine Ausbildung zur Waldorferzieherin in Australien und arbeitete in einem Kindergarten in Japan, bevor sie 2002 den Waldkindergarten «Bonsai» in der Nähe von Kopenhagen gründete. 2008 eröffnete sie dort auch zwei Kitagruppen; seit vielen Jahren leitet sie diese Einrichtungen. Sie hat mehrere Bücher zur frühen Kindheit verfasst, ist Dozentin für Kindergartenpädagogik und gibt mittlerweile weltweit Kurse zu Waldorferziehung, Naturpädagogik und Management. Außerdem gründete sie «Bonsai Institute», ein Kompetenzzentrum für Pädagogik, Naturpädagogik und Management, sowie den pädagogischen Verlag Blue Pearl Books.